SE TEM VIDA, TEM JEITO

COMO RECOMEÇAR DEPOIS DE UM TSUNAMI EXISTENCIAL

SE TEM VIDA, TEM JEITO

COMO RECOMEÇAR DEPOIS DE UM TSUNAMI EXISTENCIAL

KARINA OKAJIMA FUKUMITSU

 Planeta

Copyright © Karina Okajima Fukumitsu, 2025
Copyright © Editora Planeta do Brasil, 2025
Todos os direitos reservados.

Preparação: Wélida Muniz
Revisão: Valquíria Matiolli e Fernanda Guerriero Antunes
Projeto gráfico e diagramação: Gisele Baptista de Oliveira
Capa: André Stefanini
Imagens de capa: Kazumasa Ogawa/Rijksmuseum

DADOS INTERNACIONAIS DE CATALOGAÇÃO NA PUBLICAÇÃO (CIP)
ANGÉLICA ILACQUA CRB-8/7057

Fukumitsu, Karina Okajima
  Se tem vida, tem jeito / Karina Okajima. – São Paulo : Planeta do Brasil, 2025.
  144 p.

  ISBN: 978-85-422-3658-3

  1. Psicologia 2. Fukumitsu, Karina Okajima – Narrativas pessoais 3. Doenças – Superação I. Título

25-1781   CDD 158.1

Índice para catálogo sistemático:
1. Psicologia

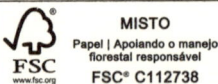

Ao escolher este livro, você está apoiando o manejo responsável das florestas do mundo

2025
Todos os direitos desta edição reservados à
Editora Planeta do Brasil Ltda.
Rua Bela Cintra, 986, 4º andar – Consolação
São Paulo – SP – 01415-002
www.planetadelivros.com.br
faleconosco@editoraplaneta.com.br

Dedico esta obra a meus filhos, Enzo e Isabella: continuidade de minha existência. Um pouco do meu resgate está em vocês, mas muito do meu resgate está em mim, e eu agradeço pela existência de cada um. Amo vocês.

	Introdução	9
(1)	Dez anos de renascimento	13
(2)	Quero me achar em meus acertos	29
(3)	Eu me emprestei para o mundo, agora me quero de volta	40
(4)	Cuidado com a mente que mente, pois pode te deixar doente	46
(5)	Sobre a degeneração	52
(6)	A arte da regeneração	60
(7)	Reposicionamentos	65
(8)	É preciso deixar de ser amador	76
(9)	Tolerância existencial	86
(10)	Eu não sou os meus traumas; sou a ressignificação deles	104
(11)	Descobri que a simplicidade é o caminho	114
(12)	Para que insistir em oferecer esperança para as pessoas?	123
(13)	Para ter de volta a mim mesma, preciso me reconciliar com a morte	131
	Referências	141

Introdução

Existem pessoas que dão uma reviravolta de 180 graus depois da morte de alguém amado ou quando se aproximam de sua finitude. Outras transformam-se a partir de um sofrimento existencial intenso e que as desperta para a vida – o que foi o meu caso.

No dia 24 de setembro de 2014, entrei às pressas em um hospital da região da Grande São Paulo; tive uma inflamação cerebral rara, causada por uma doença autoimune que acomete de 0,4 a 0,8 pessoas a cada 100 mil indivíduos, chamada "encefalomielite aguda disseminada" (ADEM).

Essa inflamação cerebral tirou temporariamente minhas forças físicas, emocionais e espirituais. O adoecimento roubou meus movimentos, a compreensão da ordem alfabética e a lembrança de que dez moedas de dez centavos equivalem a um real.

Perdi também a segurança de acreditar que tudo estava sob controle, pois, ao mesmo tempo que vivia meu maior sonho de consumo acadêmico, o pós-doutorado, tive a experiência atordoante do adoecimento que nomeei de "tsunami existencial".

A ambivalência entre o bem e o mal, a vida e a morte, o sempre e o nunca, o tudo e o nada sempre fez parte da minha vida, sobretudo pelo fato de ser filha de uma pessoa que tentou o suicídio várias vezes.

Por percorrer um solo existencial fragmentado, sempre tive a impressão de que fui preparada para lidar com os aspectos existenciais ambivalentes e com assuntos difíceis. Sou especialista em crises existenciais e consultora de saúde existencial. Meu intuito é ajudar pessoas que estejam lidando com más experiências que provocam sofrimento intenso a ponto de verem a morte como a única saída. Minha pesquisa foca principalmente o cuidado de pessoas em luto por entes queridos que sofreram suicídio, visando à promoção de intervenções para o desenvolvimento de saúde existencial. Além disso, meu foco principal de pesquisa é cuidar de pessoas em luto por suicídio e promover intervenções para o desenvolvimento de saúde existencial.

A Psicologia foi a minha escolha vocacional. Sou psicoterapeuta, pesquisadora e coordenadora de pós-graduação de uma temática pouco conhecida no Brasil: a Suicidologia. Dedico-me ao desenvolvimento da área de conhecimento que se destina a formar profissionais que estudam os processos autodestrutivos, a prevenção ao suicídio e a posvenção.

O profissional que se dedica ao campo da Suicidologia deve desenvolver estratégias como os fatores de proteção, usadas para incentivar as pessoas a continuarem apesar das dificuldades. A frase "Se tem vida, tem jeito" foi uma das afirmações que criei e que está aliada ao resgate da minha própria saúde existencial. Explico. No ápice do meu desespero quando sofri a inflamação cerebral, prometi que, se eu sobrevivesse ao tsunami existencial, faria de minha vida uma missão de acolhimento ao sofrimento humano.

No dia 6 de outubro de 2014 recebi alta, mas sabemos que a alta hospitalar não equivale à alta existencial. Quando percebi que a vida não era do jeito que eu queria, tomei a decisão de que resgataria a firmeza existencial e que seria congruente com minha frase "se tem vida, tem jeito" e a viveria visceralmente.

Como dito, perdi temporariamente a ordenação alfabética, assim como a lembrança da frase que minha avó Yone Okajima dizia para mim todas as vezes que eu enfrentava algum problema: "Karina, tudo tem jeito, menos a morte". Durante o processo de convalescimento, em busca de esperanças, tentava me lembrar da frase que minha avó dizia, porém as únicas palavras que vinham à minha mente eram: *vida* e *jeito*. E foi assim que nasceu a frase "Se tem vida, tem jeito".

Ressalto o fato de que me surpreendi quando, anos depois, percebi que, na frase de minha avó, a palavra *vida* não aparece. Fiquei extasiada ao perceber que, embora estivesse em intenso sofrimento, *a vida imperou*. A partir dessa constatação, registrei juridicamente a expressão "se tem vida, tem jeito", de tão importante que ela se tornou em minha existência.

A narrativa, portanto, é a da minha jornada. Uma jornada que, mesmo às vezes sendo sombria, tive de percorrer para encontrar uma luz para que pudesse apaziguar meu coração e acalmar minha existência, provendo acolhimento para a minha alma.

Em novembro de 2022, Felipe Brandão me enviou um e-mail que dizia: "O motivo do meu contato é que gostaria muito de conversar sobre a possibilidade de um livro seu conosco. Tenho te acompanhado nas redes sociais e amo demais o seu trabalho. Amo o conceito 'Se tem vida, tem jeito', e acho que daria um lindo livro".

Ao ler a mensagem de Felipe, chorei de emoção por me sentir valorizada e reconhecida. Assim, surgiu a vontade de compartilhar meu caminho como peregrina em busca de mim mesma. "Resgatada de mim", acredito ser essa a minha última tarefa em vida: resgatar-me e me assumir enquanto existência.

Que as feridas que causam sofrimentos possam ser minimizadas pela crença de que é possível viver plenamente até o último suspiro, preservando a esperança de que se tem vida, tem jeito.

Com carinho para aqueles que compreenderem minhas palavras,

Karina Okajima Fukumitsu

(1)

Dez anos de renascimento

> "A liberdade pode advir não de estar no controle da vida, mas da disposição de mover-se conforme os eventos da vida, de manter nossas lembranças, mas abrir mão do passado, de escolher, quando necessário, o inevitável. Podemos nos tornar livres em qualquer tempo."
>
> **HISTÓRIAS QUE CURAM, RACHEL NAOMI REMEN**

Adoecer na alma, no físico e no espírito não foi novidade. Eu já convivia com os adoecimentos provocados por processos autodestrutivos meus e da minha família. Acreditava que, por ter nascido e crescido em solo fragmentado, esse seria meu destino. Acostumei-me com o pior.

Logo após o diagnóstico da ADEM, recebi também o diagnóstico do glaucoma, doença ocular que envolve a degeneração do nervo óptico e que pode levar à cegueira.

Lembro-me do impacto de ouvir mais uma vez a palavra "degeneração" quando recebi a notícia sobre o glaucoma. Fiquei assombrada, porque sofri com o fato de ter recebido pela segunda vez um diagnóstico de doença degenerativa. Relembro a primeira pergunta que fiz para mim, ainda no consultório do oftalmologista: "Por que a experiência da degeneração se repete pela *segunda vez?*".

Enfatizei "segunda vez" porque o que me deixou mais apreensiva foi o fato de que mais uma vez estava sob ameaça. É comum nos desesperarmos quando as situações trágicas se repetem e o que normalmente acontece no psiquismo humano é que, por instinto de sobrevivência, tentamos nos proteger das ameaças da vida. Quando ameaçados, podemos adotar pelo menos três direções: paralisar, fugir ou encarar a situação. Quando fazemos isso, é comum imaginar que a ferida foi reaberta e que não seremos capazes de administrar o novo ataque. Nessa direção, existe uma união perigosa entre os pensamentos e as emoções. Enquanto os pensamentos nos fazem acreditar que a situação traumática nunca passará, as emoções nos levam para o desespero, reativando toda a sensação de ardor, de carne viva. Sendo assim, é preciso tomar cuidado com as antecipações catastróficas.

Quando percebi que meu medo aumentava com a ideia de que, pela segunda vez, estava ameaçada, ampliei as estratégias para apaziguar meu coração e serenar minha mente. Uma das estratégias foi a de aprimorar minha percepção sobre a respiração, por meio de yoga e meditação.

Foi exatamente na mesma época que recebi o diagnóstico do glaucoma que iniciei a prática da yoga e, assim, exercendo a minha respiração, encontrei formas para modificar meus pensamentos negativos sobre a notícia da degeneração de mais um órgão.

A partir da ressignificação de não se tratar apenas de uma repetição, mas de ser "a segunda vez", é que pude compreender que a situação não era um ataque à vida, mas sim algo que se configurava como uma oportunidade para expandir minhas estratégias de enfrentamento. Consequentemente, respondi à indagação que fizera a mim mesma quando do diagnóstico: "Para que eu possa criar e ampliar a habilidade para enfrentar as adversidades".

Inspirada pelos ensinamentos de Friedrich Nietzsche, que afirmou que: "Quem tem um porquê suporta qualquer como", identifiquei que o glaucoma foi a "única" sequela mais grave que tive da inflamação cerebral. Não sendo a segunda vez, mas a única sequela, é que pude ressignificar meu medo, reorganizando-me e conseguindo sentir gratidão. Mas você pode estar se perguntando: "Como ser grata por aquilo que representa algo ruim?".

Minha gratidão se deve por ter tido apenas *uma* consequência de um adoecimento raríssimo, como dito. Nessa direção, considero o glaucoma um "filho" da inflamação cerebral, uma vez que também se trata de doença considerada incurável, mas que devo assumir o cuidado vigilante de não aumentar a pressão ocular, nem as pressões da vida. Sendo assim, embora mais uma vez a vida tenha trazido um problema considerado incurável e degenerativo, enfrentei o diagnóstico de glaucoma de forma completamente diferente da maneira como lidei com o diagnóstico da inflamação cerebral. Ou seja, mesmo que em processo de luto, senti-me motivada para aprender diariamente a enxergar além do que meus olhos eram capazes.

Assim, revesti-me de esperanças e pensei que, no dia em que ficar cega – se ficar! –, terei recursos emocionais para que possa dar a mim mesma qualidade de vida, mesmo com a mudança abrupta que minha cegueira poderá provocar. Para tanto, também busquei aplicativos para pessoas cegas e já os tenho como possibilidades para facilitar uma boa adaptação com aquilo que não poderei mudar.

Dessa maneira, a diferença na modalidade de enfrentamento ficou evidente, pois aprimorei os recursos para lidar com o inevitável. Não fico mais aprisionada na repetição de comportamentos autodestrutivos; faço diferente ao transformar a repetição em ampliação para não ficar durante muito tempo no incômodo. Essa mudança tem relação direta com a decisão de me resgatar existencialmente. Quando escolhi viver uma vida saudável, desejei me libertar da toxicidade e decidi não tornar meu passado trágico um destino. Para tanto, precisei tomar consciência de que acreditar que um dia mereceria me sentir bem dentro de mim era uma necessidade. Então comecei a aprender sobre a alternância entre dor e amor, trabalho e lazer, e iniciei uma trajetória de integração das minhas características positivas e negativas, qualidades e defeitos, luz e sombra.

Felizmente, depois de dez anos não mais percebo minha existência em "tempos mortos". Conforme Simone de Beauvoir escreveu: "Não ignoro as ameaças que o futuro encerra, como também não ignoro que é o meu passado que define a minha abertura para o futuro [...]. Não desejei nem desejo nada mais do que viver sem tempos mortos".

Tornar-me-ei livre, esse foi o pacto que estabeleci comigo – e devo dizer que o título deste primeiro capítulo é uma comemoração: o privilégio de completar dez anos que estou recuperada da inflamação cerebral. Uma comemoração pelo privilégio de estar habitando na minha própria pele. Algo que representa o início de uma vida com maior consistência e amadurecimento de quem eu sou. Ou, em outras palavras, com maior apropriação da pessoa que pude ser até aqui e agora. Reitero: *Não desejei nem desejo nada mais do que viver sem tempos mortos.*

Este capítulo foi escrito em minhas férias de janeiro de 2024. Estávamos, minha família e eu, no México. Estivemos lá em 2017, mas, em virtude da pandemia de covid-19 que assolou o mundo, eu e meu marido, Duda, planejamos que apresentaríamos Cancun, a Playa del Carmen e a Riviera Maya a nossos filhos em nossa viagem de réveillon do ano de 2024. Escolhemos esses locais, pois, além de tê-los visitado, ficamos muito encantados com as águas desses lugares, e, por esse motivo, gostaríamos de propiciar o mesmo bem-estar que sentimos.

Além disso, em minha mente e em meu coração, essa viagem seria um bom período para colocar à prova todo o esforço para não viver mais "em tempos mortos", ou seja, para viver de forma mais funcional comigo e com minha família. Seria, portanto, uma boa oportunidade para viver sem me sentir "morta" por dentro e ter a experiência de estar em boa companhia.

No dia 1º de janeiro, jantamos em um restaurante para comemorar o ano iniciado, porém tive uma infecção intestinal que me obrigou a passar os dias no quarto do hotel *all inclusive* para repousar e me restabelecer do que estava sentindo. Enquanto meu marido e filhos passeavam, aproveitavam o hotel, todas as atividades e a farta alimentação, senti-me muito frustrada com a impossibilidade de a vida não ser do jeito que eu queria e por não estar em condições de experienciar a tríade liberdade-prazer-leveza que planejei antes da viagem. Decidi, então, ocupar meu tempo utilizando minha modalidade de enfrentamento mais conhecida e funcional, que é a de escrever.

Escrever é a forma que encontrei para administrar minhas frustrações perante a vida. Sendo assim, escrevo quando quero lidar com meus sentimentos e preciso organizar meus pensamentos para não dar margem à imaginação, que pode me levar a antecipações catastróficas. É um meio que encontrei para permanecer no meu aqui-e-agora, pois acredito que, quando a imaginação é maior do que a realidade, aumentamos mais o sofrimento.

Todas as vezes que me sinto vulnerável, dedico-me à escrita, pois, como dito, organizo minhas ideias e meus pensamentos por meio do emaranhado de sentenças que se configuram enquanto escrevo. Em outras palavras, meu sofrimento aumenta quando deixo que meus pensamentos se transformem em lamentações em vez de escrever. Nesse sentido, escrever é uma das únicas maneiras que encontrei para lidar com as frustrações. E, por esse motivo, mesmo sem condições físicas, parece que uma força urge para que eu viabilize a organização das minhas ideias por meio da escrita. Sendo assim, acredito que a escrita representa um dos aspectos mais potentes do meu instinto de sobrevivência – e sem dúvidas é algo que me fortalece.

Posso estar debilitada fisicamente, mas emocional e espiritualmente tenho vontade de escrever todas as vezes que enfrento obstáculos e situações que poderiam me paralisar. Foi assim com o livro *A vida não é do jeito que a gente quer*, autobiografia que iniciei ainda enquanto estava internada para o tratamento da inflamação cerebral, quando fiz uso da escrita para serenar minha mente, minha alma e meu coração.

Uma vez que identifico minha vulnerabilidade, direciono minha energia para um rumo diferente, ressignificando assim a situação adversa. Como dito, a escrita sempre foi refúgio para driblar as situações frustrantes, mas dessa vez tomei a decisão de sair do lugar de ter a escrita como refúgio e fui além. Utilizei a escrita como válvula de escape. Explico. Existe uma diferença crucial entre *refúgio* e *válvula de escape* – e a diferença se encontra no direcionamento da energia. Enquanto no refúgio nossa energia fica paralisada, pois o intuito é o de nos proteger, na válvula de escape a energia, sobretudo a negativa, é escoada e colocada para fora da gente. Ou seja, enquanto no refúgio a função é a de *proteger*, na válvula de escape é a de *descarregar*.

Sendo assim, ao escrever, não estou mais fugindo, principalmente porque atualizei que não estou me sentindo mais ameaçada; aliás, penso que nem tudo deve ser mais encarado como refúgio, pois, se entender que os lugares que ocupo servem como proteção, é sinal de que me sinto ameaçada.

É uma linha de pensamento comum ao ser humano: se preciso de refúgios e esses lugares servem para proteger, penso que serei atacada e, consequentemente, desencadearei diversos processos ansiogênicos. Logo, a ressignificação de nossas percepções acerca do sofrimento é necessária para que adotemos ações diferentes para lidarmos com nossas emoções e nossos pensamentos que poderão nos colocar como reféns.

Quando me dei conta da ressignificação sobre o papel da escrita em minha vida, valorizei ainda mais o escrever. *Saboreei* cada palavra por perceber que havia encontrado uma excelente forma de escoar as emoções represadas e fiquei orgulhosa de mim mesma, pois nunca notara que escrever é também um ato de comunicação de dores sentidas pelo qual ofereço consentimento para minhas emoções e meus pensamentos, que se tornam mais organizados. Após a ressignificação de que a escrita era uma válvula de escape e uma forma de liberar energia, voltei a escrever com mais propriedade. Confirmei, portanto, a estratégia que criei para desfocar a frustração e migrei para a execução com percepção diferenciada de que deveria me respeitar nas condições que tinha no exato momento em que aconteceu a situação frustrante. Nesse sentido, o respeito a que me refiro se dá pelo fato de que não *deveria* nem *poderia* comer, beber e participar de todas as atividades oferecidas pelo hotel para não agravar meu estado de saúde.

Há de se cuidar do nosso estado momentâneo de vulnerabilidade e tentar organizar a miscelânea entre o *querer*, o *dever* e o *poder*. Sendo assim, quando o sofrimento é perturbador, precisamos fazer o possível para suspender os "deveria...", para serenar a existência quando nada do que acontece está de acordo com o que queremos e com o que foi planejado. Quando identifiquei que fiz o possível, descansei, aguardei minha recuperação e fiz o que me foi possível fazer: escrever este capítulo.

Lembrei-me muito da época da inflamação cerebral, período em que fui assolada pelos mesmos pensamentos – quando padeci dela, o sofrimento foi muito maior devido às circunstâncias limitantes que enfrentava e por não saber o que estava acontecendo comigo. Lógico que uma infecção intestinal é muito diferente de uma inflamação cerebral, mas a experiência me ajudou a compreender que, passados dez anos, o que mudou é que aprendi a me tratar com mais generosidade quando tenho de passar por situações limitantes e que vão contra as minhas expectativas. Essa epifania aconteceu por perceber que reagi de forma completamente diferente, mesmo estando novamente decepcionada com a situação apresentada pela vida. Apesar de frustrada por não poder experienciar o esperado momento de liberdade, prazer e leveza, compreendi que a infecção intestinal era mais uma das inúmeras "provocações" da vida para que eu pudesse encarar a situação desgastante de outra maneira.

É preciso constantemente lapidar e ampliar as formas de enfrentamento para preservarmos nossa esperança de continuar, apesar das dificuldades que nos são apresentadas. Aprimorar as modalidades de lidar com as adversidades implica buscar recursos para lidar com o inevitável.

APRIMORAR AS MODALIDADES DE LIDAR COM AS ADVERSIDADES IMPLICA BUSCAR RECURSOS PARA LIDAR COM O INEVITÁVEL.

Também é importante ampliar nossa rede de apoio na busca por propósitos, para que sigamos em frente, apesar da decepções e frustrações que nos impactam. Outra percepção sobre ampliação de modalidade de enfrentamento está atrelada à culpa que não mais me atormenta como outrora. Identifiquei que não é justo me autoacusar pelas situações que não posso antecipar – por não ter como prever o futuro – e que não sou responsável por adoecer. Quando sofri pela inflamação cerebral, me culpabilizei muito porque acreditei que eu – e apenas eu – era a única responsável por desenvolver uma doença autoimune e que, em virtude dos hábitos disfuncionais, como ser sedentária, me alimentar mal, ser viciada em trabalho e dedicar pouquíssimo tempo a descansar, estava sendo punida ou que merecia colher aquilo que plantei por viver de um jeito atabalhoado. Mas com a infecção intestinal foi diferente, pois utilizei da compaixão e da generosidade para comigo e aprendi a me tratar bem.

Recitei para mim mesma o jargão do programa de saúde existencial que ofereço anualmente com o objetivo de proporcionar estratégias para o desenvolvimento do bem-estar: "Se queira bem, meu bem". Nessa direção, concluí que é impossível antecipar as situações que não controlarei. Assim, em situação adversa poderei apenas "me querer bem" e entender que "sou meu maior bem".

Como tudo o que vivo se torna experiência para contar história posteriormente, comecei a refletir sobre o significado de meu organismo estar novamente debilitado e sem filtros, pois tudo o que entrava, saía. Constatei que teria duas saídas em relação ao mal-estar:

(1) ficar me lamentando pelo infortúnio;
(2) perceber a situação como oportunidade de purificar o meu organismo; tudo o que não me servia deveria sair.

Optei por acreditar que ainda precisava eliminar a toxicidade do meu organismo e que a situação de vulnerabilidade era uma oportunidade de purificação. Aliás, esta tem sido minha conduta diante das situações difíceis: transformar minha percepção para que meu sofrimento se atenue quando a vida não é do jeito que eu quero.

Apenas depois de dez dias senti que estava melhor da infecção intestinal. Penso que os desconfortos, adoecimentos e problemas são nossos aliados, por nos obrigar a olhar para nós mesmos.

Nesse sentido, não são os problemas em si os grandes vilões da história, tampouco as oportunidades que acreditamos que foram retiradas de nós. Tudo depende da maneira como lidamos com o nosso sofrimento. Oportunidades sempre existirão, mas devemos aproveitá-las *conforme o possível*. Em outras palavras, concluí que as regras de como eu tenho de viver meu dia a dia e de enfrentar os problemas são minhas e que devo ser coerente com o que é possível em cada momento.

Nessa situação, percebi que o sofrimento aumentava quando ficava obcecada em *querer* aproveitar tudo, mas não respeitava o fato de que não *deveria* nem *poderia* comer, beber e participar de todas as atividades oferecidas pelo hotel para não agravar meu estado de saúde. Há de se cuidar, portanto, da miscelânea resultante da confusão entre *querer*, *dever* e *poder*. Sendo assim, quando o sofrimento é perturbador, precisamos **fazer o possível** para suspender os *deverias*; para serenar a existência quando nada do que acontece está de acordo com o que foi planejado.

Outra aprendizagem foi a de que os momentos difíceis são testes e provações para respondermos de um jeito diferente ao que já conhecemos. Sendo assim, podemos ir além daquilo que nos limita e do que nos paralisa. Acredito ser preciso suportar o sofrimento, que, apesar de intolerável algumas vezes, é efêmero.

Para finalizar este capítulo, endosso que durante muito tempo acreditei que deveria me curar 100%, que não deveria ter nenhum sintoma, que só seria possível viver bem se eu não adoecesse nunca. Ilusão a minha a de não querer ser humana...

Foi aí que me dei conta de que evitar o sofrimento advindo das adversidades, das situações limitantes e da morte de pessoas amadas era um desejo que nunca seria realizado, mas, ao contrário, apenas se eu passasse por todas as experiências inóspitas, o tempo todo honrando minha história, é que eu teria chances de transformar o pior em ruim, podendo, se possível, atingir o bom.

E saiba: o critério para se viver bem não deve ser respaldado "fora da gente", com ilusões de que saúde é o combate da doença. A vida não é um conto de fadas. A vida não é do jeito que a gente quer.

Como John Lennon cantava: "A vida é aquilo que acontece enquanto fazemos planos para o futuro". Desfrute cada momento de sua vida e tenha ótimos motivos para sorrir. Inspirada nessa frase, no dia 11 de janeiro, acordei 100% melhor da indisposição relacionada à infecção intestinal, sentindo-me "dentro de mim novamente". Por esse motivo, postei em rede social sobre os pactos comigo:

> Do largado para o cuidado.
>
> Do arruinado para o resgatado.
>
> Do destruído para o reconstruído.
>
> Talvez seja disto que preciso: simplicidade nos acontecimentos, foco nos meus sonhos e firmeza nas minhas atitudes...
>
> Um descanso. Um afago e uma pausa para a alma...
>
> Uma família para chamar de minha: tudo o que é essencial.
>
> Amo golfinhos. Amo minha família.
> Amo descansar.
>
> Amo a vida que te quero!

O foco na vida não está na oferta do que ela pode nos dar, mas, sim, no que posso receber e fazer dela: uma verdadeira arte.

> **Mimo de acolhimento**
>
> Nunca ficaremos 100% bem para recomeçar a viver. Simples assim: transforme o pior em ruim para atingir o bom. O primeiro passo é identificar a vulnerabilidade. O segundo é dar refúgio para a necessidade insatisfeita. E o terceiro te convida a transformar o *refúgio* em *válvula de escape* para liberar as más energias que te impedem de continuar.

(2)

Quero me achar em meus acertos

> "Passei mais da metade da minha vida tentando me encontrar nos erros de meus pais. Outra metade foi dedicada para tentar me encontrar nos meus próprios erros. No resto da minha vida, quero me achar em meus acertos."
>
> **A VIDA NÃO É DO JEITO QUE A GENTE QUER, KARINA OKAJIMA FUKUMITSU (GRIFO MEU)**

"Quero me achar em meus acertos", essa foi uma das assertivas que adotei para reforçar meu lado funcional, prometendo para mim que não voltaria para os lugares sombrios que já percorri. Pois, como dizia Renato Russo em "Tempo perdido", e, aliás, devo dizer que essa é a crença que trago em minha história: "Sempre em frente. Não temos tempo a perder". E é essa história que vou contar para você, dividida em sete fases.

A primeira foi dedicada a sobreviver à infância e à adolescência absolutamente conturbadas e recheadas de tragédias familiares: a morte do meu tio no incêndio do Edifício Joelma, discussões, brigas, abuso emocional, violência física, separação de meus pais, inúmeras tentativas de sentir que eu pertencia à família de mulheres diferentes com quem meu pai se relacionou, várias tentativas de suicídio da minha mãe, traições de namorados, perda de todo o patrimônio da família, golpes financeiros por parte de familiares e afogamento, no ano de 1991, do meu sobrinho de 3 anos na minha chácara, construída por meus pais – que, no divórcio, ficou para meu pai e que, após 48 anos, agora está sob a responsabilidade minha e de minha irmã. Enfim, foi um período de muitas perdas financeiras, emocionais e espirituais, além de muita insegurança e sensação de falta de pertencimento.

Na segunda fase, busquei na mãe Psicologia o colo para a minha alma. Minha meta era a de ter um lugar que pudesse me oferecer segurança emocional. Um que promovesse sustentação para desenvolver a proteção que me afastaria da desgraça que sentia que era a minha vida. Nessa época, lembro-me de acreditar piamente que seria incapaz de ter uma família e de me tornar uma pessoa saudável.

Fui uma criança e uma adolescente muito triste e sem perspectivas de vida. Aos 12 anos, tentei o suicídio, engolindo todos os medicamentos da minha mãe que ficavam expostos na cozinha. Ironicamente, foi ela quem me encontrou ali, logo depois da ingestão. Bateu em mim, mandou que eu fosse para o meu quarto e, depois de horas, no jantar, me chamou para comer a comida requentada de dois dias atrás. Nada foi dito. Nenhuma palavra de preocupação com o ato de desespero de uma adolescente sem esperanças.

Saí da casa da minha mãe aos 17 anos, após uma briga em que fui mandada embora, e comecei a trabalhar em lojas como vendedora nas férias escolares. Quando entrei para a faculdade de Psicologia, busquei estágios que pudessem pagar os custos de uma estudante de graduação.

Embora ainda tivesse o auxílio financeiro de meu pai com o apartamento e a faculdade, o único vínculo que tínhamos era o dinheiro. E, como não conseguia me conformar com nossa relação estritamente financeira, pois todas as minhas tentativas de aproximação eram frustradas, o único objetivo que tinha desde essa época era o de me tornar totalmente independente dele.

Na Psicologia, aprendi que os vínculos familiares servem para oferecer base, referência e apoio emocional, financeiro e espiritual. Mas, infelizmente, eu me sentia muito distante desse ideal familiar e passei a pegar emprestada a família de minhas amigas da faculdade. E, assim, iniciei um processo esperançoso de que um dia seria possível ter uma família para chamar de minha.

Foi aí também que decidi que minha linha de trabalho na Psicologia seria dedicada a compreender a alma humana em intenso sofrimento existencial e que enfrentava duas situações-limite: vulnerabilidade e não pertencimento.

Outra fase importante nesse momento foi meu desenvolvimento como psicoterapeuta. No terceiro ano de faculdade, incentivada pelos professores, entrei em processo de psicoterapia e nunca mais parei. A psicoterapia pessoal me tirou da solidão, e os profissionais Maria Aparecida Barreto e Roberto Peres Veras, meus psicoterapeutas, foram eleitos as figuras parentais e referências na minha prática na Psicologia.

Constatei que o privilégio de ser ouvida, sem julgamentos, tendo espaço para falar de minha história, foi um grande encontro para a minha alma, que se sentia perdida. E, como a peça *A alma imoral* aponta: "Há pior solidão do que a ausência de si?". Na psicoterapia, ao recontar inúmeras vezes as situações traumáticas, pude ressignificar meu sofrimento. Por esse motivo, passei a querer ser a interlocutora dos sentimentos mais profundos dos outros.

Especializei-me em Psicologia Clínica com o intuito de me tornar psicoterapeuta e foi na Gestalt-terapia, abordagem psicológica que utilizo na compreensão dos seres humanos, que compreendi a importância da congruência entre o que eu falo, faço e ensino, pois de nada adianta cuidar de outras pessoas se eu não cuidar de mim. Atualmente, coordeno, em parceria, uma pós-graduação em Gestalt-terapia.

Na terceira fase veio o desejo de me tornar professora universitária. Eu acreditava que apenas assim teria espaço para despertar reflexões na formação de profissionais de saúde para a temática de acolhimento e cuidados, principalmente direcionados à prevenção ao suicídio e à posvenção.

Achava um verdadeiro absurdo que as grades curriculares, principalmente as que formavam profissionais de saúde, não inserissem aulas sobre manejo do comportamento suicida. Elas também não apresentavam considerações a respeito de como poderíamos acolher pessoas em intenso sofrimento existencial, culminando em tentativa de suicídio. Também nunca tive uma aula que falasse dos processos de luto e da maneira de acolher familiares, sobretudo os impactados pelo suicídio de uma pessoa querida.

Tão logo me senti amadurecida na Psicologia Clínica, após meu mestrado em Psicologia Clínica no Center for Humanistic Studies, local onde me aprofundei na Psicologia Humanista e Existencial, fui me desenvolver enquanto educadora, entrando na minha quarta fase: aquela que *educa a própria dor* e também incentiva que outros possam olhar para suas dores e acolher a própria existência.

Para viabilizar isso, busquei articular educação e saúde mental. Durante dois anos, trabalhei como psicóloga escolar, pois tinha a certeza de que as instituições formadoras de crianças e adolescentes deveriam investir em saúde mental. Fiz pós-graduação em Psicopedagogia e cismei que faria meu doutorado e pós-doutoramento na área de Psicologia Escolar e do Desenvolvimento Humano, do Departamento de Psicologia da Aprendizagem, do Desenvolvimento e da Personalidade, do Instituto de Psicologia da Universidade de São Paulo.

Por acreditar que as dores são os maiores desafios do ser humano e que, quando suportadas, se tornam as melhores evidências da nossa transcendência, investi no conhecimento aprofundado a respeito do desenvolvimento de estratégias de enfrentamento na lida do sofrimento existencial. Felizmente, fui aceita pelo programa de pós-graduação e, melhor ainda, sob orientação da professora dra. Maria Julia Kovács, profissional por quem tinha enorme admiração, referência principal dos estudos sobre educação para a morte no Brasil, e a quem atualmente chamo de "mamys", e ela a mim de "filhota".

Outra fase de minha vida foi destinada a me consolidar como suicidologista. Como dito, a Suicidologia é uma área de conhecimento muito nova no Brasil, e meu propósito *foi* e é criar fundamentação teórica e prática para essa área tão pouco conhecida. Tornei-me a "mãe da Suicidologia", conforme alcunha de uma querida supervisora de ensino do estado de São Paulo, Eliane Ugliano.

Na sexta fase, após a inflamação cerebral, encaminhei-me para a peregrinação da saúde existencial, descobrindo caminhos para me tratar bem e para ampliar o conhecimento sobre aspectos da saúde existencial, termo cunhado por mim para designar todo e qualquer aspecto que envolva a complexidade da saúde e do bem-estar biopsicossocial.

Determinei, também, que demonstraria tais descobertas sobre saúde existencial para pessoas interessadas em se desenvolver de forma mais saudável. Fiz isso por meio do programa *Se queira bem, meu bem*. A primeira premissa dele é a de que eu devo ser, para mim, meu bem maior, e que o contato com a natureza é condição *sine qua non* para que a reintegração do *self* aconteça. Autoconhecimento, disciplina, perseverança, esforço, amor-próprio e lealdade com meu propósito de qualidade de vida foram meus guias nesse caminho.

Atualmente, encontro-me na sétima fase. Estou no momento de sorver a vida, período no qual desejo viver o meu melhor naquilo que posso viver bem. Em outras palavras, quero viver em plenitude tudo o que a vida possibilitar. Para tanto, utilizo a premissa de que, se eu utilizar minhas necessidades para organizar meu estilo de vida, subirei sempre um degrau rumo à conquista da saúde existencial.

O contrário também pode acontecer, ou seja, quando não ouço minhas necessidades e cuido mais das necessidades alheias, é bem provável que o desenvolvimento da minha saúde sofra uma interrupção.

TEMOS A CAPACIDADE DE FAZER ESCOLHAS E RENÚNCIAS QUANDO NOS TORNAMOS CIENTES DAS NOSSAS NECESSIDADES.

Temos a capacidade de fazer escolhas e renúncias quando nos tornamos cientes das nossas necessidades. Ilustrando: iniciei meus treinos com uma profissional que não podia estar no horário que eu gostaria. Pedi o horário das 6 h, para que, depois que eu nadasse, então pudesse ir para a yoga às 8h30. No entanto, por gostar dela, tentei me adequar aos horários em que ela poderia me atender. Como resultado, passei seis meses sem ir para a natação, pois ela só poderia me encontrar na academia às 7 h.

Certo dia, acordei atrasada com a mensagem da minha personal:

> [07:20] Personal: Bom dia!!!! Vamos?
> [07:31] Personal: Karina?
> Às 7h55, respondi: Perdão! Me esqueci da aula. Perdi a hora. Dormi até agora. Nos vemos na semana que vem.

Depois que respondi, levantei-me da cama incrivelmente serena e sem culpa por ter esquecido um compromisso. Depois de me levantar, desculpei-me pela falta e fui além: decidi que não tentaria mais me encaixar no tempo dela. Sabia que tinha de respeitar minhas próprias necessidades e que não era justo o que não estava fazendo comigo, pois percebi o que queria mesmo era voltar a nadar depois do treino e antes da yoga. Dispensei os serviços da personal querida, dizendo que tentaria organizar meus horários para que a musculação e os treinos acontecessem *no meu próprio tempo*.

Consegui que outra profissional, que me acompanhou durante a recuperação da inflamação cerebral, pudesse estar comigo às 6 h. Assim, retornei para a natação e permaneci na yoga às 8h30.

Toda essa readaptação de meus horários, respeitando minhas necessidades e meus desejos, auxiliou na identificação exata das minhas necessidades e na compreensão de que devo viabilizar as estratégias necessárias para efetivar o que desejo para a minha vida, conforme meu tempo e minha disponibilidade, não tentando me encaixar no tempo das outras pessoas.

Por incrível que pareça, esse simples reposicionamento de respeitar meu ritmo próprio trouxe a sensação de liberdade e autonomia, bem como ofereceu mais segurança, a ponto de eu querer expandir as mudanças em minha vida. O resultado foi iniciar o processo de detox dos grupos em que não fazia mais sentido permanecer. Saí de vários grupos de mensagens que furtavam meu tempo, e o critério foi perceber quais deles mais me promoviam encantamento. Em suma, percorri os seguintes passos:

(1) identifiquei minhas necessidades;
(2) percebi o que não mais fazia sentido para mim;
(3) deixei ir a toxicidade que deveria eliminar;
(4) agi e fui respeitosa com meu ritmo e momento atual;

(5) executei a ação e não fiquei remoendo minha atitude;
(6) dei espaço para o novo.

De autor desconhecido, gosto da frase "Às vezes, a vida nos faz mudar de rumo. Às vezes, o rumo nos faz mudar de vida". E esse último foi o rumo que tomei.

> **Mimo de acolhimento**
>
> Faça seu detox existencial para ter conforto de viver em sua própria pele, respeitando seu ritmo.

(3)

Eu me emprestei para o mundo, agora me quero de volta

> "A visão de um homem não empresta suas asas a outro homem."
>
> **O PROFETA, KHALIL GIBRAN**

Era uma vez uma menina que precisou aprender a se proteger e a conquistar seu próprio território originado em solo fragmentado. Seu berço se chamava vulnerabilidade, lugar onde pessoas se sentem feridas, ofendidas, ameaçadas e atacadas.

A sobrevivência era sua meta principal, e o único dever para ela era o de fazer cada vez mais. Era preciso fazer *muito* para pertencer, ir além da produtividade e cuidar sem parar. Ser conhecida por *workaholic* era um elogio que provocava nela a sensação de ser vista pelos outros e, por isso, a menina se acostumou com o território do círculo vicioso no qual os principais elementos eram a autodestruição e o impedimento de fazer diferente.

Aos poucos, a estratégia de repetir a autodestruição e a desculpa de não saber como fazer diferente deixou de funcionar e de ser interessante para a menina. Ela amadureceu e se tornou uma adolescente amante da vida, pois, dessa forma, e segundo sua crença, conseguiria viver de forma completamente antagônica daquela que sua mãe adoecida vivia.

Fez, portanto, da adolescência um período fértil para não mais viver em territórios de vulnerabilidade e de ameaça. Cultivou, assim, a semente que nasceu com o estabelecimento de um sério acordo consigo mesma: nunca mais voltaria para a autodestrutividade de sua infância.

Ela, porém, ainda não acreditava que sonhar era uma possibilidade. Era uma adolescente cética, realista, triste e, como dito, sem sonhos. Acreditava que seu destino já estava traçado. Sobreviveu sem sonhos, mas uma esperança começou a brotar em sua vida quando conheceu pessoas amáveis, professores admiráveis, psicoterapeutas cuidadosos, famílias emprestadas das amigas e, por isso, aceitou a ideia de um dia poder sonhar.

Aos poucos, percebeu-se adulta por colher frutos de seu plantio, cultivo e cuidado, pois não apenas se sentiu encorajada para fazer tudo diferente, mas criou caminhos para se desenvolver como um ser vivente, e não mais como sobrevivente. Reiterou o sério acordo que fez consigo mesma: nunca mais voltaria para a autodestrutividade de sua infância e adolescência.

A adulta percebeu que o acordo de nunca mais voltar para a autodestrutividade a tornou mais forte para experimentar novos caminhos. Tinha ousadia, tornou-se irreverente, transgrediu e desenvolveu estratégias para viver suas crises existenciais, bem como organizou uma logística para que outras pessoas em crise e em situações-limite pudessem lidar com seus desesperos e sofrimentos. Passou a ser convidada a ocupar lugares em que outrora nunca imaginara. Tornou-se proprietária de um *território virtuoso* no qual os elementos principais são a amorosidade e o acolhimento, tornando-os "o casal perfeito" para que pudesse iniciar o processo de habitar em si mesma, extraindo flor de pedra.

A adulta conquistou a alcunha de consultora de saúde existencial porque:

* acreditou que não é incorreto não ter de fazer muito para outras pessoas para se sentir pertencente;
* buscou referências e tentou com todas as suas forças sustentar que o não fazer e o descanso não significavam vagabundagem;
* fez da serenidade da mente uma trilha que deve ser percorrida por todo ser humano que deseja conquistar saúde existencial;
* começou a falar para si mesma: "Quem sobrevive não sonha, o sonho é dos que vivem",

e a mulher criou coragem para viver e, como consequência, para sonhar;
* criou condições para se dar novas chances, investindo em um relacionamento para que pudesse iniciar uma família para chamar de sua;
* trilhou um caminho que a sustentasse em sua história pregressa;
* aprendeu a se reinventar para uma nova história.

Na atualidade, ela ousa sonhar e a desenvolver um programa para se querer bem, e tem usufruído da colheita do que semeou em sua existência. Tornou-se uma pessoa que se posiciona em seu próprio pertencimento, que respeita seus incômodos e faz deles o termômetro para apaziguar seu sofrimento.

Depois da fase adulta, veio a velhice, e a pessoa mais velha se abastece de duas regras principais:

(1) não se demorar muito nos incômodos;
(2) fazer aquilo que faz sentido para estimular seu bem-estar.

Sou a criança, a adolescente, a adulta e serei a idosa desta história, e, por tudo o que vivi, reivindico a minha existência de volta para mim. Percebi que pouco de mim havia restado, muito dos outros havia ficado. Passei muito tempo me emprestando para o mundo, agora quero ter a mim mesma de volta. E, somente agora, o melhor caminho me foi apresentado: ter-me acolhido e me querer de volta.

> **Mimo de acolhimento**
>
> Queira-se de volta.

PASSEI MUITO TEMPO ME
EMPRESTANDO PARA O MUNDO,
AGORA QUERO TER A MIM
MESMA DE VOLTA.

(4)

Cuidado com a mente que mente, pois pode te deixar doente

> "A imaginação é a metade da doença; a tranquilidade é a metade do remédio; e a paciência é o começo da cura."
>
> **AVICENA (980-1037), MÉDICO PERSA**

Às vezes a vida prega umas peças na gente, não é? São tantas as intercorrências e fatores que podem dar errado no nosso cotidiano. E nós temos nossos meios de nos desviar psicologicamente desses acontecimentos. Vou contar a você o que me aconteceu na manhã do dia 12 de dezembro de 2023, quando encaminhei meus exames de rotina para minha médica nutróloga, dr. Carolina Coelho Pádua. Acreditando que meu estado de saúde estava bom, havíamos combinado que realizaria o encaminhamento dos exames de laboratório e que ela daria um retorno por mensagem. No entanto, após eu passar o dia nos meus atendimentos em psicoterapia, bem quando estava me organizando para entrar no grupo de apoio que idealizei para pessoas em luto por suicídio, o "TransFormador em Amor", do Núcleo de Assistência Social do Instituto Sedes Sapientiae, a doutora Carolina enviou a seguinte mensagem: *Olá, Karina, tudo bem? Você pode me atender agora? Posso te ligar?*

Pensei comigo: *Vixi. Acho que deu ruim, pois, assim como aconteceu com a inflamação cerebral em que a médica quis ligar para mim, agora a dra. Carolina quer falar comigo.*

Quando ela ligou, pediu que eu refizesse urgentemente o exame de sangue, pois o resultado da creatinoquinase estava muito alto: 1.149 U/L, e a referência esperada era: "acima de 18 anos: 26 a 140 U/L".

Em negação, falei: "Não tenho condições de fazer o exame urgente, pois estou entrando no grupo de apoio e amanhã vou começar a atender cedo, só vou finalizar às 22 h". Ela insistiu, e eu disse que veria o que faria.

Depois que desliguei, respirei. Percebi que estava fugindo e com medo de novamente entrar em um furacão. Pensei: *Se eu não cuidar de mim, ninguém o fará por mim.* Eu me dirigi para o hospital e fiz novamente o exame. Às 5 h da manhã, o resultado saiu, felizmente com o índice próximo à margem de referência.

Foi apenas um susto que o laboratório me deu. E que susto! Esse erro me deixou atormentada e me fez pensar em quantas pessoas, em situações como a minha, entram em desespero pelas antecipações catastróficas. Depois que relatei o ocorrido, muitos amigos e familiares contaram ter recebido resultados errados também do mesmo laboratório e que, assim como eu, ficaram atormentados.

Reflito também sobre o problema que um laboratório pode acarretar às pessoas quando oferecem resultados incorretos. Quando se trata de saúde, qualquer erro pode trazer sérias consequências, inclusive uma situação trágica, como um suicídio. Não quero aumentar o drama, tampouco ser trágica, mas a experiência de ter recebido um resultado incorreto me fez refletir sobre o quanto a mente mente e pode deixar a gente doente. Explico. Durante a madrugada em que aguardava o segundo exame, pesquisei e li tudo sobre distrofia muscular, pois essa seria, *talvez*, uma das consequências para quem tem a enzima creatinoquinase elevada. Fiquei pensando, remoendo e sofrendo pelas antecipações catastróficas.

Além disso, por não me conformar com o resultado, certa indignação me invadiu. Eu acreditava estar no meu melhor momento fisicamente e voltei a pensar (assim como foi durante a inflamação cerebral) que tudo o que vivi de bom em 2023 era uma despedida da vida. Olhem o ponto a que cheguei com as confabulações e a arquitetura de uma mente fértil. Aquilo poderia ter me levado ao desespero.

Não me tranquilizei após o segundo resultado concreto, que evidenciou que, de fato, estava tudo bem. Essa tranquilidade só veio quando serenei minha mente com as seguintes conclusões:

(1) não farei mais exames nesse laboratório;
(2) preciso compreender que tudo é efêmero, inclusive meu sofrimento;
(3) preciso ser comedida com as minhas antecipações catastróficas;
(4) a mente mente e, por esse motivo, deverei ser prudente antes de acreditar em tudo o que minha mente confabula.

Como nem tudo são flores, três dias depois travei a coluna e voltei às pressas para o mesmo hospital em que fiz o segundo exame. Dessa vez, tomei anti-inflamatório, analgésico e corticoide na veia para diminuir as dores lancinantes. O médico do pronto-socorro pediu ressonância magnética e no laudo saiu: "edema dos ligamentos interespinhosos lombares baixos por sobrecarga. Prováveis cistos renais bilaterais".

Pensei comigo: *Será que devo me acostumar com tantas dúvidas de que estou realmente bem?*

Indignada com a possibilidade de me acostumar novamente com o mal, minha resposta foi: "**NÃO**. Não posso me acostumar com o ruim e com o mal que me assusta. Acontecimentos semelhantes não significam os mesmos destinos. **Costume não é destino**".

Assim, iniciei uma reflexão sobre quanto devemos utilizar nossa mente para o nosso bem. Usar a mente para o bem significa a possibilidade de evitar pensamentos que acentuem o problema. Em outras palavras, não podemos utilizar a mente para aumentar as dúvidas, a desesperança e as autocríticas. Repito: a mente mente, principalmente quando nos sentimos frágeis emocionalmente e enfrentamos situações que nos deixam inseguros. A pegadinha de uma mente que mente é a de que, quando nos deparamos com o não saber, a mente começa a criar e a imaginar. No entanto, as construções não são reais. Acreditar na mente que mente é caminho para a autodestruição. Ao darmos margem para a imaginação, aumentamos nosso sofrimento.

Não use sua mente para fazer mal a si mesmo. Este é um convite, portanto, para que você acredite no fluxo da vida, e não nas coisas que sua mente cria, sobretudo nas antecipações catastróficas que te paralisam quando você acredita na mente que mente.

A mente deve ser utilizada para despertar a espontaneidade e a criatividade e, assim, ampliar as possibilidades existenciais para que você encontre formas de enfrentamento e faça diferente.

Mimo de acolhimento

A mente mente e pode te tornar doente. Lembre-se disso e não se detenha pela antecipação catastrófica. Serene sua mente.

AO DARMOS MARGEM PARA A IMAGINAÇÃO, AUMENTAMOS NOSSO SOFRIMENTO.

(5)

Sobre a degeneração

"Aos olhos do mundo, o perigo está em arriscar, pela simples razão de se poder perder. Evitar os riscos, eis a sabedoria. Contudo, a não arriscar, que espantosa facilidade de perder aquilo que, arriscando, só dificilmente se perderia, por muito que se perdesse, mas de toda a maneira nunca assim, tão facilmente, como se nada fora: a perder o quê? A si próprio. Porque se arrisco e me engano, seja! a vida castiga-me para me socorrer. Mas se nada arriscar, quem me ajudará? Tanto mais que nada arriscando no sentido mais lato (o que significa tomar consciência do eu) ganho ainda por cima todos os bens deste mundo — e perco o meu eu."

O DESESPERO HUMANO, SØREN KIERKEGAARD

Este trecho anterior de Kierkegaard sempre me inspirou a fazer diferente, principalmente o trecho: "Mas se nada arriscar, quem me ajudará?".

Não quero me perder de meu eu. Aprendi que a ousadia é o que me provoca a sensação de perda temporária, mas, como me recuso a me perder novamente, faço da crença de que preciso ousar em minhas atitudes.

Quando recebi a informação de que a inflamação cerebral representava a degeneração dos neurônios e que o glaucoma era a degeneração do nervo óptico, comecei a pesquisar os aspectos que intensificam a degeneração e os associei à minha história. Degenerar, segundo o dicionário *Priberam*, significa: "sofrer degeneração"; "mudar de bem para mal, de mal para pior; "corromper-se; estragar-se, adulterar-se" (grifo meu). Penso que os três verbos sublinhados e enfatizados foram muito experimentados por mim:

Corrompi-me, pois acreditava que deveria pagar o preço que fosse para pertencer. O custo de querer ser vista e amada pelos outros foi alto.

Estraguei-me, porque acreditava que não tinha o direito de me querer bem e que deveria agradar a todos.

Adulterei-me, por confiar que os outros sabiam mais sobre o que era importante para mim do que eu mesma.

Certo dia, li uma afirmação cujo autor desconheço e que me fez muito sentido: "Não deixe que as pessoas te coloquem nas tempestades delas.

Coloque-as na sua paz". Colocar as pessoas na minha paz foi o que me fez perceber que tudo o que sempre quis era o mesmo que minha mãe desejou sua vida inteira. Ela sempre falava: "Quero paz". Porém, ao contrário de minha mãe, que nunca encontrou paz em vida, faço deste o meu propósito, e acredito ser esta uma meta: aprender a ter paz sendo quem sou, para me libertar dos traumas existenciais.

Falando em traumas e em situações traumáticas, lembro-me de uma dessas situações que parecem não ter nada a ver com a vida da gente, mas que colaboram muito para as reflexões.

Certo dia, em Gramado, minha família e eu fomos tomar café da manhã fora. Quando chegamos ao local, abri a rede social e assisti a um vídeo de Gabor Maté que falava sobre trauma. Pensei comigo que "trauma" seria o tema que realizaria articulação com o processo da degeneração.

Logo que terminei o vídeo, fui para o banheiro. Ao retornar, pisei em falso e fui de encontro à parede. A impressão foi a de que alguém havia me empurrado, mas eu estava sozinha no momento.

Minha família me levou às pressas ao hospital da cidade e, enquanto tomava medicação para aliviar as dores lancinantes na minha cabeça e aguardava pela tomografia, pensava na música "Cuide bem do seu amor", de Os Paralamas do Sucesso: "há um segundo tudo estava em paz". Apreensiva com o resultado da tomografia, novamente minhas antecipações catastróficas me levaram a lugares de escuridão. Por esse motivo, tentava aliviar a ansiedade com pensamentos de que, se tudo desse certo, continuaria a fazer tudo o que faço bem-feito e que meu propósito enquanto estivesse viva se tornaria: ser pessoa e profissional do acolhimento, amor e do bem, não importando para quem. Barganhar comigo é uma estratégia que tenho para manter a esperança em situações em que sinto dores.

Quando o resultado da tomografia saiu, o médico me chamou na sala dele.

— Notícias alvíssaras — disse o médico.

— Isso é bom ou ruim, doutor? O que significa alvíssaras?" — perguntei eu.

— É bom — respondeu o médico, sorrindo para mim. E continuou: — Não houve lesões nos ossos, mas você precisará ficar em observação, pois esse galo na sua testa poderá evoluir para um coágulo e, em breve, o sangue poderá descer para os olhos.

— Tenho glaucoma e estou há dez anos em recuperação de uma inflamação cerebral. Será que daria para ver na tomografia se há lesões aparentes da inflamação cerebral e que sofreram impacto com a pancada? — questionei, tentando ser mais precisa em minha preocupação.

— Não há nenhuma lesão aqui dentro — o médico mostrou a tomografia. — Está tudo cicatrizado, agora é só cuidar do que está fora.

Chorei aliviada, primeiro por saber que estava novamente "tudo bem no reino do perdido", como eu disse no meu livro *A vida não é do jeito que a gente quer*, e por entender que o traumatismo craniano não prejudicou o estado cerebral de que ainda me recupero. Agora, as pancadas vinham de fora.

    Depois do acidente, senti muitas dores e voltei a comer o que não deveria, a dormir tarde e parei com os exercícios matinais, pensando da seguinte forma: *Já que eu vou morrer mesmo, de nada adianta cuidar da saúde.* O traumatismo craniano me fez retornar ao conhecido disfuncional, pois quis dar compensações falsas e conhecidas para apoiar o susto que levei e as dores que sentia. Fui para Gramado com a proposta de ter uma boa alimentação, que é uma das bases para a minha saúde existencial, mas fracassei em virtude do trauma. Cheguei comendo a granola que eu mesma preparei e saí comendo salame e chocolates. Um verdadeiro fiasco.

    O processo de degeneração é resultado do trauma, e o aumento do sofrimento acontece quando há desconexão com os propósitos e com o enraizamento que se perde nos pensamentos negativos. No processo de degeneração, o singular vira geral e há um deslocamento do que é verdadeiro para a pessoa. Isso cria um afastamento da reconexão com o que é importante para ela, e a busca por recompensas para lidar com o sofrimento tem seu início.

    Certamente, da mesma forma que a existência humana se dá pelo conhecimento tácito, a arte da vida está atrelada ao propósito de continuar, apesar das dúvidas e dos receios. Nesse sentido, a experiência é aquela que proverá sustentação para os processos de mudanças nos quais são exigidas plena atenção sobre nossas atitudes e muita paciência e serenidade para não nos perdemos em momentos sombrios, ainda mais quando somos impelidos a enfrentar obstáculos.

É esse o motivo de eu ter me tornado consultora de saúde existencial, pois me encanta todo o processo de mudanças comportamentais que envolvem o desgaste e o resgate existencial.

A articulação entre desgaste e resgate acontecerá apenas se a pessoa se autorizar a se libertar da degeneração. Será necessário, portanto, aceitar que o *medo do desconhecido* será o companheiro temporário nesse caminho, e que o *fardo do desenvolvimento* está associado à constatação de que é preciso ter paciência para que tudo possa ser colocado em seu devido lugar. Sim. Há um fardo no desenvolvimento e em todo crescimento humano.

O trauma torna os fardos maiores, e nossa enfadonha trajetória fica mais cansativa. Ele cria alojamentos traiçoeiros, pois perpetuam os comportamentos ruins, e a degeneração existencial é acentuada. Mas ele me proveu, e ainda provê, com muitos ensinamentos. Entre eles:

(1) O trauma é repentino e repetitivo, fazendo a pessoa, momentaneamente, desconectar-se da própria essência;

(2) O organismo encontra maneiras de se autorregular, assim como a vida encontra autorregulação;

(3) A mente pode mentir. Estar em estado de vulnerabilidade pode precipitar o processo de degeneração e, assim, "mudar de bem para mal, de mal para pior";

(4) O conhecido disfuncional virá nos visitar sempre que nos encontrarmos em dor;

(5) É possível recomeçar;

(6) É preciso lutar arduamente contra os pensamentos trágicos e que pertencem ao mundo do trauma;

(7) A degeneração existencial é o reflexo persistente do trauma.

Mimo de acolhimento

Não permita que o trauma seja o condutor da degeneração.

O PROCESSO DE DEGENERAÇÃO É RESULTADO DO TRAUMA.

(6)

A arte da regeneração

> "A arte deve, sobretudo e principalmente, embelezar a vida, ou seja, tornar a nós mesmos suportáveis e, se possível, agradáveis para os outros [...]. Depois a arte deve ocultar ou reinterpretar tudo que é feio, o que é doloroso, horroroso, nojento."
>
> **HUMANO, DEMASIADO HUMANO II, FRIEDRICH NIETZSCHE**

Inspiro-me em Nietzsche, sobretudo nas obras *O nascimento da tragédia*, *Humano, demasiado humano* e *A gaia ciência*, quando ensina que a arte é estímulo para a vida.

Ao contrário da arte, o trauma traz estagnação, faz com que duvidemos de nossa potência e da capacidade criativa de acreditar que "a vida é arte que leva tempo", como falei no meu livro *A vida não é do jeito que a gente quer*. É comum, portanto, que durante o processo degenerativo indaguemos:

* De onde posso retirar esperança para enfrentar adversidades?
* Por que sou obrigado(a) a superar dificuldades?
* Como continuar a acreditar que, "se tem vida, tem jeito" sem desistir?
* Como unir esperanças de que sou capaz de lidar com o gerenciamento das emoções mais dilacerantes?
* Como posso mais uma vez recomeçar, sem a sensação de fracasso por ter retornado ao conhecido disfuncional?

Não tenho respostas para tais questões, mas sei que, para crescermos, devemos aguardar pacientemente que a colheita do que semeamos aconteça a seu tempo, e não no tempo que queremos. Porém, somos muito imediatistas, não queremos esperar.

O florescimento existencial é fruto de trabalho constante. Um trabalho que deve existir pelo simples fato de que, ao nascermos, somos convocados a desenvolver nosso próprio estilo. Em contrapartida, as situações parecem desabrochar quando nos damos a chance de apenas ser como somos. Sendo assim, será preciso semear, limpar, podar, cuidar, organizar, arrumar para usufruir, mantendo a esperança no novo. Como ensina uma frase de cuja autoria desconheço: "Velhos caminhos não abrem novas portas".

PARA CRESCERMOS, DEVEMOS AGUARDAR PACIENTEMENTE QUE A COLHEITA DO QUE SEMEAMOS ACONTEÇA A SEU TEMPO, E NÃO NO TEMPO QUE QUEREMOS.

Retornando para a palavra "alvíssaras", que aprendi com o médico que me atendeu em Gramado, busquei seu significado no dicionário *inFormal*: "Que serve para anunciar boas novas". A definição foi importante para que eu pudesse expandir minhas reflexões sobre a dificuldade de acreditar que boas novas podem acontecer em minha vida.

Fico emocionada ao perceber quanto minha existência não teve boas novas, porém, nesses últimos anos, tenho me autorizado a acreditar que posso me dar chances para mudar e ocupar meu lugar de merecimento.

Quando passei pelo aeroporto de San José, na Costa Rica, me deparei com duas frases em uma loja da Blue Zones – essa rede tem seu nome inspirado nas regiões no mundo onde se alega que as pessoas são mais longevas que a média –, que chamaram muito a minha atenção. Elas diziam, em português: "Viva mais e melhor"; e "A escolha funcional é a escolha mais simples".

Essas frases me fizeram refletir bastante. Fiquei pensando que, se essa é minha real dificuldade, minha meta, aqui e agora, deverá ser superá-la. Para tanto, tenho aprendido a aceitar a simplicidade como minha melhor trilha, o saudável e funcional como minhas escolhas e a ousadia como o antídoto dos meus próprios processos autodestrutivos.

Quero ser aprendiz do merecimento e do reconhecimento. Minha existência não pode mais ser em vão. Compreendi que o desconhecimento da situação de me sentir merecedora do bem-estar não significava incapacidade e incorreção. Explico. Sempre fiz confusão entre "não saber" e "sensação de inadequação".

O berço para meu sentimento de inadequação foi a exigência onipotente de querer saber tudo. No entanto, esse tem sido exatamente o maior desafio para mim neste momento da minha vida: modificar minha maneira de pensar a meu respeito, não me exigir saber tudo e adotar atitudes de reposicionamentos para que eu mude. Sendo assim, o recurso que utilizei foi a aposta de que eu deveria iniciar a travessia do "regenerar".

Mimo de acolhimento

Regenere suas ações para apenas ser, e aceite o lugar de merecimento.

(7)

Reposicionamentos

> "Disseram-lhe que, como uma corrente, você é tão fraco quanto seu elo mais fraco. Isso é apenas meia-verdade. Você também é tão forte quanto seu elo mais forte. Medir-se por seu menor feito é calcular o poder do oceano pela fragilidade de sua espuma. Julgar-se por seus fracassos é culpar as estações por sua inconsistência."
>
> **O PROFETA, KHALIL GIBRAN**

Tracei um caminho sem volta pelo qual tudo o que eu experimentar valerá a pena, desde que eu tenha certa flexibilidade e não queira que as situações sejam como eu espero. Afinal, a vida não é do jeito que a gente quer. O "perfeito é o feito", desde que meu compromisso seja o de tentar fazer bem-feito tudo o que me propuser a fazer. E, como a frase atribuída a Santo Agostinho nos ensina: "Não basta fazer as coisas boas, é preciso fazê-las bem".

Não posso mais balizar quem sou apenas pelos meus erros, mas, sim, pelos meus acertos, mesmo que ainda inconsistentes. Tudo o que eu fizer daqui por diante será bem-feito.

Dias depois do acidente em Gramado, retomei a escrita deste livro com um galo enorme na testa, um olho roxo e, felizmente, com poucas dores. Ávida para recomeçar de forma bem-feita, sem entrar no redemoinho da culpa e do remorso por ter engordado alguns quilos e pela falta de exercícios, retomei a rotina "do bem": comer de forma comedida, fazer exercícios e cuidar da higiene do sono.

Quando retornei, um dos pensamentos que me ajudaram bastante foi o de que, em vez de me amargurar com o que ainda não tinha sido capaz de colocar em prática, conformei-me dizendo para mim que fiz o que pude fazer no tempo possível. Concomitantemente, penso que, se não amamos nosso passado, fica mais difícil despertar para os encantamentos do presente. Assim, aprender a amar o que temos dá forças para conquistar o que ainda não temos. Para tanto, é preciso ficar no aqui e agora, valorizar a própria história e acreditar que as respostas que oferecemos foram as únicas possíveis para as pancadas, inclusive as concretas e físicas.

Certo dia, ouvi da profissional que me depilava, quando elogiei a cera: "Quando o produto é bom, ele agiliza o processo". Fiquei pensando em qual seria o meu produto enquanto profissional da saúde, psicoterapeuta, psicóloga.

Concluí que o meu produto é a congruência que estabeleço entre *ser* uma pessoa funcional e *viver* a saúde existencial. A congruência também se encontra em aproveitar meu tempo, aprimorando meus sentidos de vida e meus propósitos.

Como dito, há fardos com os quais precisamos lidar no processo de mudança, pois a exigência é a de reposicionamentos, e reposicionar-se significa escolher lugares em que a gente se sente bem.

Enquanto escrevia este capítulo, veio à minha memória o dia em que decidi cuidar das ervas daninhas da chácara, local onde estou no momento. Nunca pensei que um dia cuidaria de ervas daninhas, mas foi exatamente o que fiz. Na verdade, vi quatro jardins descuidados, e confesso que fiquei com muita preguiça ao pensar em ter de cuidar deles, pois daria muito trabalho.

Optei, porém, pelo cuidar, porque essa é uma parte da chácara cuja história me ajudou a ser quem eu sou agora. Decidi cuidar daquilo que representa parte da minha história. Pensando bem, vale a pena cuidar de partes nossas para honrar o abrigo existencial.

A chácara foi cenário da morte do meu sobrinho Henry, que, aos 3 anos, morreu afogado. Esse local também resultou em muitas agressões, tristezas, decepções, desilusões, brigas, descuido e desrespeito, traições, inveja e muitas situações que, se eu pudesse apagar da minha memória, seria muito bom. Porém, fico aliviada ao me dar conta de que ainda bem que as coisas ruins permanecem apenas na memória, e que hoje em dia não se fazem mais presentes em mim em carne viva. Ainda bem que tudo passa.

A opção de cuidar dos jardins me fez perceber que tudo o que vivi e que ainda me faz sentido merece cuidado. Se eu deixar meu jardim sem o devido cuidado, ele ficará sem espaço para novas belezas. Não apenas os jardins mereceram meus cuidados, mas também decidimos reformar a chácara e "enterrar" concretamente a piscina antiga e fazer uma nova. Estamos reformando, destruindo o velho, inovando os espaços da chácara para criar novas memórias. Sendo assim, ao destruir, construir e inovar, cuido do que me pertence. E este é o verdadeiro reposicionamento da minha existência: farei do cuidado meu guia para dar contorno, forma e morada segura para que possa me desenvolver e evoluir espiritualmente.

> *Antes de aumentar a eficiência ou procurar avanços tecnológicos, é preciso ser incisivo na organização e na limpeza. À primeira vista, parece não existir relação direta entre uma coisa e outra – mas, pelo contrário, o vínculo é profundo. Limpeza e organização são fundamentais em todo ser humano. Se a base não for sólida, nada que se inicie dará certo.*
>
> **A BAGAGEM DOS VIAJANTES: HISTÓRIAS DE ÉTICA E SABEDORIA, KOICHI KIMURA**

Tenho cada vez mais acreditado que a espiritualidade é a proteção contra a energia negativa e, sobretudo, para me ajudar a me afastar de indivíduos que não querem o meu bem, mas que por algum motivo se aproximam de mim. Entendo que pela espiritualidade eu receba recursos para manter a plena atenção de uma maneira mais funcional para me relacionar comigo e com os outros.

Não fico me amargurando pelo descuido de outros e, além de cuidar dos meus jardins, resolvi arrancar de vez as pessoas daninhas que interferiam na beleza do meu jardim.

Em vez de colocar o foco na minha tristeza e lamentar os infortúnios que vivi, investi minhas energias em cuidar da vida e do que ainda está vivo, e assim o descuido foi desaparecendo, depois que fui cuidando dos meus jardins com plena atenção e autorrespeito: ingredientes necessários para o bem viver.

Sendo assim, tudo o que for cuidado é demonstração de que a vida se manifesta e nos dá motivos para continuar a acreditar que, se tem vida, tem jeito, desde que possamos nos reposicionar ante o que não nos faz mais bem.

Reposicionamentos nos cuidados

Certo dia, ouviu do meu marido: "Você é demais de cuidadosa comigo. Não precisa ser tanto".

O SOFRIMENTO ACONTECE A PARTIR DO DESINVESTIMENTO EM SI.

Naquele momento, a fala dele foi recebida por mim com ofensa. Mas meu marido estava, mais uma vez, correto.

Sempre me esforcei para que tudo acontecesse sem que eu desse trabalho para os outros, antecipando-me para proteger, zelar e cuidar. Mas o estresse acabava pesando nos meus ombros. O autocuidado deveria ser menos importante do que o cuidado para outros, essa era a falsa regra estabelecida para eu sentir que era aceita pelas pessoas. Por consequência, o *modus operandi* de "fazer, fazer e fazer" funcionou por longos anos. Investir mais no outro do que em mim trazia consequências desequilibradas.

Concluí que o sofrimento acontece a partir do desinvestimento em si. Fazia mais pelos outros do que por mim. Essa era a única maneira de sentir que eu tinha controle. Nessa direção, o altruísmo ocupou meu tempo em projetos alheios. Despendia de tempo para ajudar os outros, porém os resultados foram furtos das ideias, pois era eu quem carregava "as pedras do fazer e do executar" e, depois, a pessoa se achava no direito de acreditar que era a dona do "pedaço construído".

Percebo a grande confusão que fazia entre lidar com a solidão e exagerar nos cuidados alheios, pois tinha a fantasia de que, fazendo pelo outro, eu cuidava da minha carência e, por consequência, nunca ficaria sozinha.

Ao longo destes anos, tenho estudado os processos de carência existencial e de falta de pertencimento. A carência provoca a sensação de escassez. São processos que todos os seres humanos vivenciam e que nos tornam reféns.

A pessoa carente e que precisa de aceitação submete-se a qualquer coisa, provocando, assim, certo adormecimento no processo de intolerância pela qual a falta de indignação prejudica a autoestima e a capacidade de discernir o que é bom do ruim; discriminar o que é tóxico do que é nutritivo.

A pessoa carente faz confusão quando interpreta que o afastamento de pessoas significa rejeição. Consequentemente, mantém a relação de dependência, acreditando que a pessoa é a "última bolacha do pacote".

A carência aumenta a toxicidade, cuja função é a manutenção da falsa sensação de segurança e do conhecido disfuncional. Costumo falar que "a gente se acostuma com o quentinho do cocô". Portanto, leva tempo para abrir mão daquilo que é conhecido, mas disfuncional também.

O resultado de aceitar tudo também são os furtos e a sensação constante de se sentir lesado. Era muito comum as pessoas se apoderarem das minhas frases, ideias e da autoria, inclusive da frase "Se tem vida, tem jeito".

Meses depois que comecei a propagar a frase, vi uma conta em rede social, um vídeo e um podcast com a frase criada por mim. Também ouvi um colega dizendo em uma das entrevistas que deu: "Como *eu* sempre disse: se tem vida, tem jeito".

Ficava estarrecida com tantos plágios e, ao mesmo tempo, envaidecida pela minha frase ser tão copiada, sobretudo no Setembro Amarelo, mês dedicado à prevenção ao suicídio. Foram muitos os momentos de amargura quando identificava plágios não somente dessa frase, mas de outras minhas e de projetos meus sem o devido reconhecimento da autoria. Quando percebi que deveria iniciar o processo de reapropriação e de reposicionamentos nos cuidados, contratei uma advogada para obter a proteção jurídica da marca "Se tem vida, tem jeito".

Apesar de ter a marca nos títulos de meu podcast, da associação destinada a cuidados às pessoas em luto por suicídio, dos grupos de estudos em Suicidologia, das cartas de acolhimento e das camisetas, as pessoas insistiam em utilizá-la sem atribuir os créditos a mim. Entendo esta obra como uma oportunidade de firmar também a minha autoria.

Reassumindo o que é meu, trago-me de volta para minha morada, reposiciono-me e fortaleço minha saúde existencial. Nessa direção, reflito que as conquistas advindas do reposicionamento nos cuidados requerem não a apropriação que vem de fora, mas a que vem de dentro. No entanto, a maior dificuldade que tive para mudar foi a de enfrentar o medo de fazer diferente.

Dá medo quando imaginamos que não suportaremos o desconhecimento. Porém, a maturidade exige a descoberta de nossos parâmetros para não sermos tratados como qualquer pessoa. Reposicionar-nos significa escolher os lugares a que não queremos mais pertencer e entender que não é possível mais nos ajustarmos às percepções alheias sobre nós mesmos.

Não quero mais bancar a boazinha, e, por esse motivo, meu calcanhar de Aquiles, que sempre foi a solidão, não ficará refém, não sairá mais em busca de ser preenchido por outras pessoas.

Reposicionar-me nos cuidados implica me afastar do outro que me faz mal. E esses casos devem ser pensados sob o prisma de que, quando há distanciamento, é porque a relação não é mais nutritiva, e o afastamento deve acontecer naturalmente. E isso não deve ser visto como rejeição, mas sim como a chance de me afastar das relações tóxicas, pois desencontros não merecem memórias. Assim, com o afastamento, paro de dividir minha vida com quem me faz mal.

O melhor reposicionamento que posso me oferecer é a percepção de que, ao buscar acolhimento sem me acolher, vou me deixar manca na minha própria caminhada. Sou eu quem precisa fazer por mim o que é preciso para minha vida. E é isso que nos ensina a linda história que Kimura conta em *A bagagem dos viajantes: histórias de ética e sabedoria*:

> *Zen'ni notara rasgos nas portas corrediças de papel. Então começou a recortá-los com uma pequena faca, remendando os*

locais com papel novo. Vendo a cena, seu irmão se aproximou.

— Por que não deixa isso para os empregados? Eles estão habituados.

— Podem estar habituados, mas duvido que sejam mais cuidadosos que eu — respondeu sorrindo.

— Remendar apenas as partes danificadas é um trabalho exaustivo, seria muito mais simples trocar a folha inteira. Além disso, ela está cheia de retalhos. Não considera isso impróprio?

A esses comentários, a monja declarou suas verdadeiras intenções.

— Hoje, em especial, tudo permanecerá sem ser substituído. Não se deve descartar os objetos simplesmente porque uma pequena parte está danificada. É preciso reparar o local avariado e manusear as coisas com cuidado. Quero que Tokiyori perceba isso.

E, entre jardins abandonados e o que é descartado, devemos lembrar que há o que vale a pena dedicar tempo e paciência para reparar, e isso inclui, principalmente, nós e nossas experiências traumáticas.

Mimo de acolhimento

Não abandone seu jardim interno, pois ainda há vida nele. Cuide do que é essencial para você.

(8)

É preciso deixar de ser amador

"Nós nos tornamos violentos precisamente porque esperamos uns dos outros mais do que nós mesmos temos para dar. Quando buscamos soluções divinas em outras pessoas, fazemos delas deuses e de nós demônios. As nossas mãos já não acariciam, mas agarram. Nossos lábios já não beijam nem expressam palavras amáveis, mas mordem. Nossos olhos já não olham esperançosamente, mas espreitam. Nossos ouvidos só ouvem às escondidas. Toda vez que pensamos que outra pessoa ou grupo de conhecidos vai chegar e levar para longe nosso medo e nossa ansiedade, nós nos sentiremos tão frustrados que, em vez de gentileza, expressaremos agressividade."

TRANSFORMA MEU PRANTO EM DANÇA, HENRI NOUWEN

O tempo todo reflito sobre o quanto as imperfeições, o inevitável, o incontrolável trazem sofrimento para o ser humano. Vivemos o processo de luto diariamente.

Na verdade, sempre fui contra a ideia de "deixar a vida me levar", talvez porque também acreditava que a vida só me levaria para desastres e situações trágicas, e por instinto de sobrevivência não permitia que isso acontecesse. No entanto, quando percebi que nem sempre o controle era necessário e que minha rigidez me furtava da contemplação das belezas e da capacidade de ser mais leve em minha existência, fui dando conta de meu amadorismo no trato para comigo.

Quando o repertório emocional não está fortalecido, deslocamo-nos para lugares conhecidos que muitas vezes são autodestrutivos e disfuncionais, e nos tornamos amadores no processo de mudança.

Segundo o dicionário on-line *Dicio*, amador significa: "Que aprecia muito alguma coisa; apreciador. Que pratica qualquer arte ou esporte sem ser um profissional. [Pejorativo] Sem experiência no que se propõe a fazer; diletante, curioso" (grifo meu), e é a definição do sentido pejorativo que vamos utilizar.

Ser amador revela que não temos a experiência. Nessa direção, acrescento, ainda, mais um sentido de ser amador: somos amadores quando, pela falta de experiência no autocuidado, aprendemos a "*amar as dores*". E digo isso porque as dores pareciam ser as únicas companhias em minha trajetória caótica.

Quem é amadora, como eu fui, apresenta dificuldades para experimentar o novo, pois parece que o tempo fica escasso para incluir a novidade. A rotina desenfreada com o objetivo de unicamente solucionar problemas tomou conta do meu cotidiano. Como amadora, precisei ser autossuficiente, pois, na hora em que gritei por ajuda, senti-me tão desamparada que declarei que nunca mais esperaria socorro. Quem é amadora *ama as dores* e se cristaliza a ponto de ser sentir eternamente solitária.

O grande problema dos amadores é que se tornam acumuladores. *Acumulam as dores* e esperam que o tempo os ajude a organizar as coisas. Ledo engano. Não é a vida que mudará. Somos nós que mudaremos, mas o amador e o acumulador encontram dificuldades para ocupar lugares de merecimento, de leveza, de correr riscos e de fazer diferente.

Por favor, não diga para eu parar de fazer o que mais amo

"Reduzir uma coisa desconhecida a outra conhecida alivia, tranquiliza e satisfaz o espírito, proporcionando, além disso, um sentimento de poder. O desconhecido comporta o perigo, a inquietude, o cuidado – o primeiro instinto leva a suprimir essa situação penosa. Primeiro princípio: uma explicação qualquer é preferível à falta de explicação. [...] O novo, o imprevisto, o estranho está excluído das causas possíveis. Não se busca, portanto, somente descobrir uma explicação da causa, mas sim se escolhe e se prefere uma espécie

> particular de explicações, aquela que dissipa mais rapidamente e com mais frequência a impressão do estranho, do novo, do imprevisto – as explicações mais usuais. – O que é que se segue disso? Uma avaliação das causas domina sempre mais, se concentra em sistema e acaba por predominar a ponto de excluir simplesmente outras causas e outras explicações. – O banqueiro pensa imediatamente no "negócio", o cristão no "pecado", a moça em seu amado."
>
> **CREPÚSCULO DOS ÍDOLOS, FRIEDRICH NIETZSCHE**

Amo escrever, e a escrita revela cuidado e zelo para comigo e sinaliza meu apreço e respeito pelas relações humanas. A escrita sempre me fez companhia durante os melindres de ser sozinha. No entanto, amigos próximos costumam dizer: "Karina, nas suas férias, descanse. Não fique escrevendo"; "Nada de escrever livros". E eu respondo: "Já foi. Estou escrevendo. Kkk".

Não escutar o que faz meu coração pulsar é impedimento para a ressignificação de muitos dos processos autodestrutivos. Em outras palavras, evitar o que faz sentido para mim me faz buscar desenfreadamente a "fazeção" e a produtividade, retornando, assim, a modalidade de enfrentamento conhecida, porém disfuncional. Fico no "mesmismo", permitindo que o adoecimento me invada, e perco a oportunidade de conquistar a capacidade de me querer bem.

É PRECISO SER LEVE PARA
SE AMAR O QUE É BONITO.

Tenho falado dos "anestésicos da vida" e os aproximo aos comportamentos autodestrutivos que reforçam meus lados amadores (*amar dores*) e acumuladores (*acumulam as dores*). Nesse sentido, a toxicidade dos anestésicos da vida acontece quando negligencio o que mais gosto de fazer. Não nos beneficiar do que gostamos de fazer pode trazer danos irreversíveis para o processo homeostático, bem como cegar nosso olhar para as belezas da vida.

Afastar-nos do que nos nutre é nos anestesiar ante os encantamentos que a vida proporciona, e é o maior prejuízo para o ser humano que pretende mudar seus hábitos. Será preciso, portanto, autorizar-nos na descoberta das belezas da vida, e por esse motivo conto uma história que aconteceu comigo, e que me faz refletir sobre quanto a beleza pode ser estragada pela culpabilização, autodepreciação e exigências excessivas. É preciso ser leve para se amar o que é bonito.

A blusa bonita, perfeita e de que gostei

Estava eu no shopping, quando avistei na vitrine uma blusa bonita, perfeita e de que gostei, por isso dou esse nome para a história. Fiquei encantada. Imediatamente parei, olhei o valor, achei muito cara e fui embora.

Dias depois, voltei ao shopping e a mesma blusa bonita, perfeita e de que gostei estava lá. A blusa parecia me chamar, e eu não conseguia tirar os olhos dela. Pensei comigo: *Por que você não se dá o direito de comprar o que você gosta?* Entrei na loja, comprei a blusa e a guardei para uma ocasião especial.

Primeira cena: aproveitar do que gosta

O dia 24 de fevereiro foi o escolhido para usá-la. Não que a escolha tenha sido antecipada, uma vez que ela ainda estava no meu armário e que ainda ficaria lá. Decidi viajar com a blusa bonita, perfeita e de que gostei.

> **Observação da primeira cena:** é importante usar e usufruir do que gostamos.

Segunda cena: lidar com a frustração, culpando-me e depreciando-me

Quando estava na fila para embarcar, percebi que minha unha havia quebrado e que, por esse motivo, puxei um fio da blusa. Pensei: *Ai, que tristeza! Minha blusa bonita, perfeita e de que gostei deixou de ser perfeita. Com fio puxado, já está deformada e não mais bonita. Não sei se gosto dela tanto quanto gostava.* Em um passe de mágica, a blusa deixou de ser bonita, perfeita e deixei de gostar dela.

Pensei que toda essa mudança da minha percepção aconteceu porque **o sofrimento era minha culpa** e a responsabilidade estava em mim: "Preciso tomar cuidado com a unha quebrada para não puxar mais fios dela, porque, caso contrário, por minha causa, ela ficou mais feia, imperfeita e não gostei mais dela".

> **Observação da segunda cena:** depreciar-me e me culpar por tudo o que acontecia era a maneira de enfrentar as frustrações, um processo autodestrutivo que eu exercia com facilidade.

Terceira cena: lidar com a frustração, culpando outras pessoas e situações

Já no avião, quando as comissárias iniciaram o serviço de bordo, eu estava tirando um cochilo. Acordei com um estrondo de carrinho batendo na poltrona da frente e a cabeça do moço indo para a frente. Que susto e coitado desse passageiro. **O sofrimento e o perigo estavam à minha frente**.

Enquanto a comissária servia o passageiro ao lado, senti em meu ombro um líquido quente! Era a cafeteira que não fechou e que pingou café quente no ombro esquerdo! Senti a queimadura e vi a mancha de café na minha blusa bonita. **O sofrimento e o perigo estavam ao meu lado**.

Sabia que a queimadura passaria, uma vez que foi apenas um pouco de café que caiu sobre meus ombros, mas vi uma mancha grande. Pedi um copo de água e guardanapos para limpar. Porém, a tinta do timbre da empresa da aviação dos guardanapos a manchou ainda mais, deixando a mancha alaranjada. *Essa é boa... além do fio puxado, o ombro esquerdo da blusa bonita está manchado de laranja e, ao lado, outra bola escura.* **O sofrimento e o perigo estavam acima de mim.**

A outra comissária perguntou o que eu gostaria de comer e beber, e, ao me entregar, derrubou os comes em mim e disse, brincando: "Nossa! Deve estar pensando que as comissárias te escolheram para jogar as coisas em você!". Respondi: "Parece que eu sou a bola da vez". **O sofrimento e o perigo estavam fora de mim.**

> **Observações da terceira cena**
>
> * A blusa é só uma blusa, e a partir de agora não quero mais buscar culpados pela minha frustração.
> * Situações ruins acontecem, e tudo depende da forma como encaro a frustração.
> * Nada é perfeito nem bonito para sempre. Tudo é efêmero.
> * Se desejo viver bem e com menos sofrimento, preciso compreender que o sofrimento e o perigo estão presentes em todos os cantos, inclusive dentro de mim, mas será necessário me assegurar de que sempre encontrarei uma forma de me proteger.

O sofrimento e o perigo revelam que a vida não é do jeito que a gente quer. Pertences materiais se gastam, mas eu não posso gastar minha energia com pouco. Pessoas resolvidas não se metem na vida dos outros nem desejam controlar as ações alheias, apenas as próprias. Quero cada vez mais evoluir como pessoa, preocupando-me com minhas atitudes, deixando os outros com as deles e buscando a leveza para que eu possa apreciar o belo.

Às vezes nós nos agarramos a conceitos de que gostamos só porque, para nós, eles parecem bonitos e perfeitos. Como se desfazer do apego ao bonito e ao perfeito? Identificando que a vida apresenta diversos imprevistos e, por esse motivo, devemos desenvolver mecanismos para lidar com eles. A imprevisibilidade deve estar inclusa na perspectiva do bem-estar.

Temos a tendência de acumular dores, de não nos desapegar do conhecido, mesmo que seja disfuncional. É mais fácil encontrar culpados para o inesperado do que encarar o sofrimento e o perigo e, dali, procurar um modo de sair deles. Devemos deixar o acúmulo e o apego para trás. Precisamos viver leves.

Mimo de acolhimento

Não subestime sua capacidade de ter respostas funcionais diante das frustrações. Faça o que você ama, continue na sua trilha de merecimentos e permita que a leveza te visite para que veja a beleza.

(9)

Tolerância existencial

> "A tolerância existencial se refere à apreciação das diferenças [...]. A compreensão sobre tolerância e intolerância existenciais teve origem quando percebi minha intolerância com várias situações em que me vejo frustrada por não ser do jeito que eu gostaria."
>
> **A VIDA NÃO É DO JEITO QUE A GENTE QUER, KARINA OKAJIMA FUKUMITSU**

Meu mantra só por hoje e sempre: persistir, insistir e confiar que, se tem vida, tem jeito. E, para falar disso, preciso, antes, perguntar uma coisa a você: Já tentou manter uma vela acesa em condições adversas? Pois eu já, tanto a vela literal quanto a figurada. E poucas coisas são tão frustrantes quanto essa tarefa, ainda mais quando não estamos prestando atenção ao nosso entorno. Veja bem o que aconteceu comigo.

No dia 14 de março de 2024, decidi ir para a chácara para, mais uma vez, focar na escrita deste livro, e tive uma experiência inusitada com uma vela que insistia em apagar. Certa noite, percebi que meu glaucoma começou a dar notícias, e tive a impressão de que estava perdendo mais um pouco da visão. Embora meu oftalmologista garantisse que a pressão de meus olhos estava estabilizada, as antecipações catastróficas de que estava novamente perdendo a visão voltaram a me atordoar. Mas consegui virar o jogo. Não dei atenção para a preocupação da perda visual e escolhi ter uma boa noite de sono. Resolvi fazer meditação para afastar os maus pensamentos.

No dia seguinte, escrevi para meu marido:

— Bom dia, mor, estou enxergando cada vez menos. Como posso instalar a tela grande que tem aqui na chácara no meu computador? Eu tento conectar, mas diz que as telas não têm compatibilidade. O texto está no drive, e estou tentando escrever lá, mas não sai na tela. Pode me ajudar, por favor?

Duda me enviou um áudio explicando o que eu deveria fazer para que o computador funcionasse e, assim, me comunicasse com o telão que estava na chácara. Tentei seguir o que ele falou, porém, como percebi que estava perdendo tempo (que não tinha) para fazer com que o computador e a tela funcionassem, decidi parar de gastar meu tempo com aquilo que eu não sabia e priorizá-lo para a escrita.

Para apaziguar minha exigência de ter de fazer acontecer a conexão entre o computador e o telão, escrevi para meu marido: "Levarei a tela para que me ajude em casa". Pronto! Mais uma vez, simplifiquei e otimizei meu tempo a meu favor. Voltei a escrever esta obra!

Criei o cenário para cuidar desta escrita. Escolhi a mesa de que mais gosto na chácara, que coincidentemente é a em que nos nutrimos. Acendi uma vela com aroma de maçã e canela, coloquei meu chá de capim-cidreira em infusão e iniciei a escrita. No entanto, a *vela insistia em apagar, e eu insistia em acendê-la.*

Na quinta vez que a acendi, percebi que o mesmo acontece em meu trabalho como suicidologista e com várias pessoas que acompanho. A pessoa insiste em apagar sua luz existencial e entra em processo de morrência, desejando a morte, e eu insisto em acender a luz.

No livro *A vida não é do jeito que a gente quer*, eu contei que criei o termo "processo de morrência" para me referir ao processo do sentimento do "definhar existencial" que acontece *gradualmente*. A palavra "gradualmente" foi realçada porque meu intuito é o de elucidar que o processo de morrência exibe uma complexidade de comportamentos autodestrutivos que, de maneira gradativa, provocam o esvaziamento de quem somos.

Quando me dei conta da aproximação entre a vela que insistia em apagar e meu trabalho, tirei o excesso de cera, deixando o pavio com mais espaço para queimar. Assim, a luz reacendeu. Demorou um pouco mais de tempo, mas, em seguida, a vela apagou novamente. Amarrei outro barbante no pavio, a acendi de novo e fui tomar um ar. Percebi, em menores proporções, o estresse de ver a luz se apagar.

Quando saí do meu escritório, vi o pedreiro, que faz brilhantemente toda a reforma da chácara, pois tem dado vida nova a ela, deitado no chão em um papelão, com a cabeça encostada em uma espuma que deixei para jogar fora.

Quando o vi deitado em um papelão, dei um tapete de yoga para ele, imaginando que estava promovendo conforto a ele, e retomei à escrita, mirando a vela acesa com barbante maior que ainda queimava a cera. Mas, assim que o barbante remendado acabou, a luz também apagou. Esta é realmente a mesma frustração que tenho no árduo trabalho com pessoas que tentam o suicídio: tentar iluminar os caminhos daqueles que estão na escuridão...

Quando chegou à décima vez que eu a reacendi, dei-me conta de que era o ventilador que ficava sobre a mesa que apagava a vela, e não o pavio. Tampouco era a loja da vela um dos culpados pela perda do meu tempo.

Coloquei a vela embaixo da mesa, e, no momento, escrevo com ela próximo aos meus pés. Depois disso, não gastei mais tempo, nem fósforos, para manter a luz acesa. A tolerância requer uma pitada de fazer diferente.

Lembrei que, certo dia, compartilhei com Fátima Martucelli a sensação de que sentia que minha luz estava apagando. Sentia que isso acontecia principalmente quando me decepcionava com algumas relações e quando me arrependia por investir em algumas pessoas que mal reconheciam meu investimento e dedicação.

Fátima me deu a linda alcunha de ser a "estrelinha-verde", e, muitas vezes, sinto que a escuridão provocada pela frustração mascara o brilho da estrelinha-verde. Fátima, amada, presenteou-me com um candelabro com vela de bateria. Ao fazer isso, disse: "Na verdade, queria uma vela verde, mas não achei. Comprei essa que tem bateria".

Dentro do objeto, uma vela com bateria. Simplesmente amei, e falei para Fátima: "Amada! Assim minha luz só acabará quando acabar a bateria! E aí é só trocar!".

Concluí que minha luz se apagará quando eu não mais fizer uso do olhar da minha alma, bateria que serve para discriminar o que é certo e o que é errado para mim; bateria que me permite a conexão com o que faz sentido para mim.

No dia seguinte a que escrevi esse trecho, acordei e vi o pedreiro deitado no mesmo papelão e perguntei:

— Ué, e o tapete que te dei?

Ele disse:

— Já estou acostumado com o papelão.

Pensei comigo que *quando nos acostumamos com o desconforto, o merecimento não tem espaço para acontecer.*

LIDAR COM O SOFRIMENTO EXISTENCIAL É ACOLHER E RESPEITAR A SI MESMO E AO PRÓXIMO.

E por isso afirmo: não devemos nos acostumar com o desconforto. Às vezes estamos cômodos demais em uma situação longe da ideal, sofrendo o tempo todo, sem nos dar conta de que podemos sair dela. Eu tive dificuldade de ligar o computador na telona, pedi ajuda, me frustrei, não consegui e dei um jeito de lidar com aquele desconforto mais para a frente, ao levar a tela para meu marido fazer o pareamento para mim. Tentei dar um jeito no desconforto do pedreiro, achando que eu podia dizer a ele modos de deixá-lo mais confortável. Mas a zona de conforto dele era o papelão duro. Ele não quis se adaptar à maciez do tapete de yoga.

Cada vez mais tenho a convicção de que lidar com o sofrimento existencial é acolher e respeitar a si mesmo e ao próximo, compreendendo a humanidade e a singularidade do sentir de cada um.

Lidar com o sofrimento existencial traz angústia, mas o antídoto é um sentimento que vem com esperança, abraçando e aceitando os sentimentos não tão bons com generosidade e muito afeto. Penso que é preciso coragem para lidar com o sofrimento existencial, e me sinto corajosa ao me sustentar como uma pessoa que tenta acender a luz existencial dos caminhos de pessoas que perderam as esperanças, para que possam avançar, prosseguir, caminhar em uma trajetória de muita reflexão e, assim, se sentirem aliviadas e acolhidas nessa trajetória que se chama *vida*.

Mas há de se salientar: nenhuma mudança acontecerá fora de nós, nem da noite para o dia, e, por esse motivo, para lidarmos com as frustrações, será preciso destruir para dar espaço ao novo. Sendo assim, a tolerância existencial permite que façamos da história nosso maior talento.

Desenvolver tolerância existencial implica a redefinição de quem somos a partir de nossa história e singularidade, não devendo nos comparar, pois competição e desigualdade acontecem na comparação. A comparação nos tira do foco; ela nos faz não olharmos para o nosso potencial. Consequentemente, é comum nos perdermos no olhar das pessoas. Ser tolerante significa estar disposto a abrir mão da vida idealizada e viver a vida que nos é apresentada, como um ensinamento japonês que García e Miralles nos trazem em *Ikigai*:

> O wabi-sabi é um conceito japonês que ensina a beleza da natureza perecível, mutável e imperfeita de tudo o que nos rodeia. Em vez de buscar a beleza na perfeição, devemos procurá-la no que é imperfeito, incompleto.

O martelo rompedor: como você tem rompido sua dor?

É preciso romper as dores.

Temos, Tina e eu, assumido a chácara e a reforma de um local que passou 48 anos abandonado.

Uma das mudanças foi comprar um reservatório de água e destruir o antigo, que estava completamente deteriorado e não podia mais ser o local de abastecimento de água. Nosso "amado pedreiro" escreveu:

> "Bom dia. Preciso falar sobre o serviço de demolição do reservatório. Eu achei que as paredes fossem de tijolos, mas são de concreto armado. Levará mais tempo do que imaginei, e gerará mais gastos com aluguel de equipamentos (martelo rompedor). Queria saber se depois podemos conversar e talvez vocês me ajudarem nos custos do aluguel das máquinas".

Escrevi, então, para a minha família:

> "Para destruir, precisamos também de boas máquinas. Vamos alugar as máquinas para facilitar o trabalho dele. Vamos destruir para dar lugar para o novo!".

É preciso destruir para dar lugar ao novo.

Sendo assim, no quesito do desenvolvimento da tolerância existencial, será preciso aprender a dar importância ao que é essencial, confiar que encontraremos um jeito para lidar com o novo, destruir o que não nos faz bem e sustentar a reorganização da morada existencial de forma diferente.

Você pode estar me perguntando: "E se eu me arrepender em deixar ir o que conheço e não gostar da novidade?". Respondo: "Caso sentir que o novo não vale a pena, retorne. Mas só retorne quando tiver algo a ser recuperado".

Só retorne quando tiver algo a ser recuperado

No dia do meu aniversário, 25 de janeiro de 2023, viajei com Gabi, minha filha do coração, e o carro dela avisou que o pneu estava murcho. Paramos em um posto em que o calibrador não estava funcionando. Migramos para outro, e Gabi percebeu que tinha esquecido o pino do pneu no primeiro posto. Mesmo sendo de pequeno valor e podendo comprar posteriormente, decidimos retornar.

Conclusões: é possível retornar e tentar resgatar aquilo que se perdeu e que vale a pena para não ter desgastes posteriormente. Caso contrário, é melhor ir em frente. Assim deveria ser em relação ao passado. Não esquecemos o passado porque, a partir do que nos aconteceu, ressignificamos nossas emoções e, assim, não paralisamos no conhecido disfuncional. O passado não pode ser destino. Sartre, em *O ser e o nada*, reflete sobre o passado dizendo o seguinte: "A lembrança nos apresenta o ser que éramos com uma plenitude de ser que lhe confere uma espécie de poesia. Esta dor que tínhamos, ao se coagular

> no passado, não deixa de apresentar o sentido de um Para-si". Dessa forma, pergunto: Por que não retornar aos hábitos que foram bons?

Voltando à história, retornamos ao posto onde achávamos que o pino estava, mas não era o posto certo, então retornamos um pouco mais. Quando chegamos ao posto certo, encontramos um pino esmagado, um carro e uma pessoa calibrando os pneus. Gabi disse, lamentando-se pelo suposto pino estragado: "Nossa! Alguém deve ter passado por cima do pino e esmagou". Em seguida, lembrei-me do lugar onde tinha deixado o pino do pneu do carro da Gabi, e lá estava ele!

> **Conclusões:** até para retornar, precisamos identificar o lugar para o qual queremos voltar. Às vezes, antecipamos catastroficamente que aquilo que é nosso não tem mais retorno. Mas tudo o que é nosso sempre retorna, e este é o segredo.

A existência não é o mar de rosas que a gente idealiza. A vida é turbulenta e desafiadora, e ela é assim para aprendermos a desfrutar dos bons momentos. Não há mal que perdure nem bem que nunca se acabe, já dizia o ditado. Se sua vela da esperança tiver se apagando, busque um lugarzinho que a esconda dos ventos. Se algum problema não pode ser resolvido agora, não hesite em deixar para depois. Seu tempo é precioso, e não volta atrás. Planos vão dar errado, mas tudo pode ser contornado com a técnica certa, com martelos rompedores (rompe dores). E, mesmo que tenha que voltar atrás, volte ao ponto certo e procure o que perdeu e que ainda pode ser recuperado ou consertado.

Chegando ao fim deste capítulo, você pode estar perguntando: Afinal, qual é a conexão entre a vela, a tela, o martelo rompedor, o pino esmagado e o pino sem estar esmagado, o pedreiro e a Suicidologia?

Respondo: a tolerância existencial é a conexão entre todas as situações que nos acontecem. Desenvolver tolerância existencial significa desenvolver um estado de serenidade em tempos difíceis. Também defino a tolerância como uma condição para que não me confunda com objetos, respeitando o fato de que sou um ser humano singular. Em outras palavras, a vela, a tela, o martelo rompedor e os pinos esmagado e sem estar esmagado são objetos.

Já nós somos seres humanos – afirmação que parece óbvia, mas o que desejo pontuar é que que muitas vezes nos tratamos e somos tratados como objetos, sem função. Ou seja, assim como todos os objetos mencionados anteriormente, percebo que já estive em lugares parecidos e que me fizeram sentir que não tinha a mínima importância e, por isso, acreditei, de forma equívoca, que alguns objetos eram mais importantes do que eu. Reflito a seguir sobre cada objeto e apresento as lições que tive com cada um deles.

Sobre a vela

Ocupei muitas vezes o lugar de uma vela que insistia em não iluminar mais e que permanecia se apagando constantemente. Talvez não seja por acaso que a luz se apague em algumas situações. É preciso aceitar que a luz se apaga em algumas situações da vida e, quando isso acontece, precisamos encontrar maneiras de iluminar a existência de outras formas.

Como a vela que não acendia, aprendi que a escuridão persistirá, pois sua função talvez seja a de nos convidar para mudanças de estratégias para que a luz possa surgir de forma espontânea e nunca forçada.

Lembre-se: quando estiver com medo de não enxergar além do que seus olhos podem ver, amplie seus recursos facilitadores.

Sobre a tela

Já me senti como uma "tela inútil", principalmente quando não souberam me tratar de forma correta e respeitosa. Aproximo essa percepção aos conflitos interpessoais: quando as "telas relacionais" não apresentam compatibilidade, não devemos gastar energia para pertencer. A incompatibilidade se encontra muitas vezes quando os valores e as convicções de algumas pessoas tiram a gente do caminho do que é importante para nós.

Lembre-se: não tente, a qualquer custo, forçar a compatibilidade entre pessoas que não respeitam suas convicções e quem você é. Busque conexões que façam sentido para você. Da mesma forma que não adianta ter o recurso sem saber o que fazer com ele, não adianta você ter alguém próximo a você, sem que você saiba sobre a funcionalidade dessa relação em sua vida.

Sobre o martelo rompedor

Para destruir, precisamos também de boas máquinas. Sempre me senti mais no lugar de prego a ser martelado do que no lugar de martelo. Nunca admirei a agressividade e a violência em um ser humano. Em contrapartida, aprendi com a abordagem psicológica da Gestalt-terapia que a agressividade não faz parte apenas da pulsão de morte, pois está na vida e serve como impulso para desconstruir os processos autodestrutivos. Portanto, a agressividade, quando bem direcionada, vira assertividade.

Utilizo a agressividade em todos os momentos que sinto raiva como a mola propulsora para finalizar e me despedir de tudo aquilo que julgo como tóxico e autodestrutivo em minha vida.

Lembre-se: atue como um martelo rompedor, aprenda diariamente como "romper a dor" e utilize a agressividade a serviço de transformá-la em assertividade.

Sobre os pinos esmagado e não esmagado

Muitas vezes já me senti como um pino "esmagado", pois tive a sensação de que fui deixada à deriva. Quando a percepção de não utilidade falava mais alto, a sensação era a de que minha existência não tinha mais sentido.

O ensaísta libanês Khalil Gibran tem um ensinamento potente: "E disse o divino: 'Ame a seu inimigo!' E eu obedeci e amei a mim mesmo". Portanto, não se deixe ser esmagado nem esquecido por seu sofrimento. Seja útil para aquilo a que se destina.

Lembre-se: não seja inimigo de si. Acredite que é uma pessoa que não merece ficar no lugar de se sentir esmagada por outros, sobretudo por quem não valoriza você.

Sobre o pedreiro e sobre nós

A diferença entre nós e os objetos é que somos humanos. Ao contrário dos objetos, temos consciência da nossa existência e não podemos nos reduzir a meras coisas. Por isso, é essencial reconhecer o privilégio de sermos seres vivos, cuja existência não pode ser rigidamente definida por uma única perspectiva.

Diferentemente de um objeto, somos mistério. Somos muito além daquilo que conhecemos sobre nós mesmos. Nesse sentido, o pedreiro é o representante de todos nós enquanto seres humanos.

Lembre-se: você não é um objeto que pode ser usado. Assuma seu protagonismo em sua "reforma existencial". Seja "pedreiro" da sua obra existencial e lapide sua maneira singular de ser. Não se acostume com o incômodo.

Sobre a Suicidologia

Forçar alguém a enxergar a luz quando ela mesma não consegue vê-la é um esforço inútil. A Suicidologia é uma área que aposta no desenvolvimento do bem-estar, um processo que exige abertura e lucidez por parte de quem busca reconstruir sua saúde.

O primeiro passo para lidar com o sofrimento é reconhecer a própria dor, perceber-se "em carne viva" e, a partir disso, estar disposto a considerar novas possibilidades de cuidado consigo mesmo.

Minha conduta como profissional baseia-se na consciência de que não posso fazer nada *pela* pessoa, mas sim *com* ela. Meu papel é caminhar ao lado de quem sofre, acompanhá-la no percurso do autoconhecimento. Não sou alguém que empurra ou puxa, mas sim que segue junto, respeitando o tempo e o ritmo dessa busca por reencontros com si mesmo e com aquilo que tem significado. E, quando o cansaço vier, esperaremos juntos, descobrindo novas possibilidades de seguir adiante.

Certa vez, em um dos grupos, alguém escreveu: "Estou perdida". Tive vontade de responder: "Você não está perdida, apenas distraída de si mesma. Retorne para sua morada". A Suicidologia, nesse sentido, propõe justamente isso: a possibilidade de retorno ao próprio lar interior. Assim, em vez de me colocar como uma "salva-vidas", prefiro adotar a ideia de ser uma "guarda-vidas", e, melhorando a discussão, uma "guardiã de vidas", alguém que cuida, protege e sustenta a vida com respeito e acolhimento.

Lembre-se: não se permita ser desrespeitado, apressando seus passos. Ilumine seu próprio caminho, no seu tempo. Perdoe-se se ainda não estiver pronto para enxergar. E nunca subestime sua potência para enfrentar as adversidades e continuar.

Insistir que a pessoa veja luz onde não enxerga é trabalho inócuo. A Suicidologia é área que aposta no processo de desenvolvimento do bem-estar, que requer abertura e lucidez da pessoa que se propõe a conquistar sua saúde.

O primeiro passo para lidar com o sofrimento é a percepção da pessoa de que ela está "em carne viva" e, por esse motivo, precisa se abrir para novas alternativas para fazer algo por si.

Sobre a tolerância existencial

No livro *A vida não é do jeito que a gente quer*, escrevi: "Meu desejo é adquirir tolerância existencial, permitindo-me estar com minha solidão e buscar apenas o necessário para resgatar a serenidade que sempre habitou em mim, mas que nunca autorizei a entrar em minha morada existencial, por medo de não pertencer".

Segundo o dicionário *Priberam* da Língua Portuguesa, uma das definições de "tolerância" é: "Aceitação daquilo que não se quer ou não se pode impedir".

Aceitar o incontrolável é, portanto, um reflexo da tolerância existencial. Retomo, assim, a importância desse conceito como uma conexão essencial para enfrentarmos todas as situações que a vida nos apresenta, sejam elas boas, sejam elas ruins.

Encerro este capítulo com um mimo que intitulei "Deixe ir e siga em frente".

Mimo de acolhimento

Não seja medíocre na sua diferença. Seja tolerante com as diferenças.

Encontre sua luz naquilo que sente que faz seu coração bater mais forte.

Siga em frente e não olhe mais para trás.

Deixe ir e siga em frente.

Não perca sua esperança quando tiver medo.

Entenda que nada do que aconteceu foi em vão e siga em frente.

(10)

Eu não sou os meus traumas; sou a ressignificação deles

> "Acho que um herói é qualquer pessoa realmente decidida a tornar este lugar melhor para todas as pessoas".
>
> **POCKET MAYA ANGELOU WISDOM,
> MAYA ANGELOU**

Se eu me perder, sei como voltar para mim. Essa é a regra do meu jogo daqui por diante. Como sou afortunada pelos meus traumas terem sido ressignificados. Sempre clamei por saúde e forças para cumprir minha missão de forma digna, e a vida me ofertou um adoecimento grave e raro para que eu validasse a saúde.

Sempre pedi para que suportasse os momentos de vulnerabilidade, e recebi a dádiva de acreditar que os momentos de sofrimento e de fragilidade são os alicerces do desenvolvimento de uma firmeza existencial que sustenta a manutenção de estar em pé e com fé.

Das tentativas de suicídio de minha mãe para o desenvolvimento da Suicidologia brasileira...

Da morte da minha mãe para a reconquista de me oferecer colo em momentos de vulnerabilidade...

Da urgência de mudança por mais qualidade existencial e relacional para conquistar tolerância e serenidade...

Da impossibilidade de me lembrar da ordem alfabética para a escrita de obras que estimulam pessoas a não se esquecerem delas.

Da perda temporária dos movimentos para a movimentação contínua em busca de uma vida pura.

Roguei por pertencimento, e a vida me deu decepções relacionais para que eu pudesse aprender sobre as pessoas com quem desejo conviver pelo resto da minha existência e as pessoas de quem preciso me distanciar.

Sou grata por me dar a chance de acreditar que as mudanças são sempre possíveis na vida e por acreditar que, se eu me perder de novo, sei como voltar para mim. Não há forma certa para lidar com os traumas, mas somos as ressignificações que fazemos a partir deles. Sem lugares seguros, buscamos, como peregrinos, um caminho para lidar com as dores advindas dos traumas.

Lembro-me de que assim que cheguei ao aeroporto de Detroit, em 1999, para morar por três anos na cidade, li a seguinte frase: "Um navio no porto está seguro, mas não é para isso que os navios foram construídos". Se não tomarmos o devido cuidado, o trauma se torna nossa identidade, porque não queremos mais nos esforçar, e a esperança mina com os pensamentos que nos condenam ao hábito nocivo.

No enfrentamento dos obstáculos, será preciso compreender a diferença entre planejar e executar. Em outras palavras, alguns traumas ficam no local de planejamento para que os superemos, e precisamos executar a ressignificação do trauma fazendo diferente, apostando que a vida é execução de acontecimentos, e não planejamento do que faremos com eles. Ela acontece espontaneamente e sem *deverias*, sem planejamentos.

O trauma sustenta um hábito persistente que nos faz paralisar em lugares que reforçam a ilusão de que não são "campos minados"; assim, facilmente os confundimos com "locais seguros", simplesmente por questão de hábito.

Apesar de ser zona de conforto, por representar o conhecido, deixamos de ousar para não sofrer, e, assim, perdemos a oportunidade de aprender, inclusive a lidar com os infortúnios. Deixamos de compreender que tudo é questão de escolha e de posicionamentos diante das adversidades e dos obstáculos. Mas saiba: somos a maneira como desempenhamos nossas ações a partir da ressignificação do sofrimento.

MUDANÇAS SÃO SEMPRE POSSÍVEIS NA VIDA.

Todos os sabores valem uma história

> "[...] para o fruto, dar é uma forma de necessidade, como receber é uma necessidade para a raiz."
>
> **O PROFETA, KHALIL GIBRAN**

Tem uma frase, que está em *O profeta*, de Khalil Gibran, de que gosto muito: "[...] para o fruto, dar é uma forma de necessidade, como receber é uma necessidade para a raiz". Dela, entendo que cada um oferece o que pode e como pode. Normalmente, não gosto de postagens de comidas, mas fui a um evento de culinária e fiz questão de postar os pratos que meu maridão e eu aprendemos a fazer e lá saboreamos.

Foi uma ocasião divertida, com um contratempo que poderia ter azedado de vez minha experiência. Começou com o chef pedindo por quatro voluntários. E, obviamente eu, proativa como sou, fui. A minha incumbência era ficar de olho na temperatura de clara em banho-maria. Eu deveria avisar quando ela chegasse a 70 graus. Ele me avisou para ter cuidado para não me queimar e que tirasse de vez em quando o termômetro que estava encaixado na tigela, desse uma mexida na clara e voltasse a colocá-lo no lugar.

A clara do ovo estava em banho-maria, que, por sua vez, estava em uma tigela sobre uma panela com água quente, com um termômetro enganchado lá. Quando fui mexer o conteúdo, o termômetro caiu na clara em banho-maria! Que desespero!

Com muito medo de me queimar, coloquei dentro da tigela o pano que segurava e resgatei o termômetro, que em seguida foi anexado disfarçadamente à tigela, porém com o vidro melado. Rezei para que o fotógrafo do evento não viesse ao meu encontro para denunciar o meu erro.

Na frente de outros casais aprendizes, experimentei o despencar do sabor divertido para o sabor amargo e sem graça de me envergonhar pela atitude estabanada. Comecei a me condenar por ter me prontificado a ser voluntária e aí iniciou a tormenta de autoacusações.

Até que disse para mim: "Calma lá, Karina! Pega mais leve com você. Reduza sua exigência de querer se mostrar boa menina e seja feliz. Não estrague sua noite em virtude de um erro que nunca imaginaria que cometeria. Não gaste energia se lamentando pela situação. Não perca a oportunidade de experimentar outros sabores, inclusive o sabor de errar com plateia!".

Acalmei minha alma com meu pensamento e me tranquilizei mais ainda quando pensei que nunca mais a mousse seria a mesma, pois teve uma pitada de termômetro caído durante sua produção.

E como ressignificar os traumas?

Ressignificar as experiências difíceis faz parte de todo processo de luto – um tema ao qual me dedico profundamente.

Sempre digo que, no luto, "não usamos maquiagem", pois acredito que esse é o estado mais puro do ser humano. O luto não permite que escondamos ou disfarçamos o que sentimos. Justamente por reconhecer essa autenticidade presente em cada resposta à crise, acredito que é inerente ao ser humano a necessidade urgente de ir além da dor, compreendendo que cada experiência difícil também inaugura novas formas de enfrentamento.

Somos capazes de ultrapassar o sofrimento. Tenho a convicção de que, no fim, tudo se organiza, pois nenhuma situação caótica ou traumática permanece para sempre. É essa certeza que me faz lembrar um trecho poderoso do poema de Maya Angelou, "E ainda assim, eu me levanto" ("And Still I Rise", em tradução livre):

> [...] *Para além de atrozes noites de terror,*
> *ergo-me.*
> *Rumo a uma aurora deslumbrante.*
> *Levanto-me.*
> *Trazendo as oferendas de meus ancestrais,*
> *portando o sonho e a esperança do*
> *escravo ainda me levanto.*
> *Levanto-me.*
> *Levanto-me.*

Levantar-se implica ressignificar tudo o que nos acontece. Em contrapartida, sei que, em muitos processos de luto, sentimo-nos paralisados por intensa dor, que nos impede de acreditar que sairemos do fundo do poço. Más experiências podem se tornar situações traumáticas e acentuar as dores, porque reativam a ferida que um dia ficou exposta e em carne viva. Tudo dependerá da modalidade de enfrentamento que adotarmos. Nessa direção, considero que ressignificar as ações é processo necessário para encontrarmos forças para continuar.

Nesse sentido, considero que toda a dor deve ser sentida, toda a mágoa deve ser vivida para se abrir novos horizontes e dar espaço para novos sentimentos. A partir da raiva, damos vazão para a permissão de deixar ir tudo o que foi ruim em termos de lembranças indigestas. E, como dito no livro *Saúde existencial: educaDores em busca dos recomeços de uma pura vida*:

> *Entendo que, a partir do momento que conhecemos nossas emoções, instrumentalizamo-nos para manter uma vida mais funcional para nos relacionarmos com mais sabedoria com o mundo e conosco. Além disso, a maior generosidade que podemos ofertar para nós é a de não esconder as emoções, dizendo para nós mesmos: "Não posso esconder minhas emoções de mim e nem dos outros". Porém, o que acontece normalmente com o ser humano é que os medos se tornam exacerbados e a ousadia diminui.*

Sobre o processo de luto e o evento de culinária

Descobrir novos sabores significa me dar o direito e autorização para me distanciar do que é tóxico e me aproximar do que é nutritivo. Dessa maneira, permito-me afastar daquilo que não me agrega e não me fortalece.

Quero ser, cada vez mais, congruente com meus valores, respeitosa com meus sentimentos e minhas emoções. Quero "morar dentro de mim", ampliando a consciência de que, se estou viva, é porque preciso lapidar minha vida para honrar minha história. O "jeito", portanto, está na "vida" que trilharei, conforme minha conduta e minhas respostas em relação a toda situação difícil a ser enfrentada.

Será preciso dar importância apenas ao que é essencial e precioso para mim. Assim, ressignificarei os traumas e ampliarei os sabores para sustentar o desenvolvimento da minha firmeza existencial.

O que desejo enfatizar é que reprimir as emoções não auxilia na ressignificação do trauma. Pelo contrário, quanto mais ocultos e escamoteados os sentimentos estiverem, maior será o sofrimento e menor serão as chances de extrair o sabor da aprendizagem de tudo o que nos acontece. Sendo assim, a vida é para ser "saboreada", mas será preciso prestar atenção a todos os momentos que ela tem a nos oferecer.

Moral da história: devemos aproveitar todos os sabores da vida: felizes, dolorosos, deliciosos, divertidos, horrorosos, amargos... Todos os sabores valem uma história, e, mesmo que você pague mico, será mais uma das muitas experiências de sua vida!

Mimo de acolhimento

Aproveite os sabores da vida e respeite seus sentimentos e suas emoções, pois são eles que darão a pitada real de sua existência!

(11)

Descobri que a simplicidade é o caminho

> "A simplicidade é a máxima sofisticação."
>
> **AUTORIA DESCONHECIDA**

No dia 25 de março de 2024, tive consulta com a nutróloga e, pela primeira vez, estou zerada com todos os exames! Em três anos, consegui me organizar no meu próprio organismo.

Conseguindo chegar à minha saúde existencial, sinto-me heroína nas batalhas com meus comportamentos autodestrutivos. Tenho consciência do meu ritmo e de que saí do lugar de sobrevivência para ser vivente. No entanto, há muito caminho a percorrer, como ensina o conto "O monge zen e o guarda-chuva" que Céline Santini nos traz em *Ikigai*:

> Uma lenda conta que um dia um monge zen foi visitar seu mestre. Após anos de prática, sentia-se pronto para ser mestre também. Era um dia chuvoso. Ao entrar, deixou na soleira da porta, como dita o costume, seus calçados e seu guarda-chuva.
> Perante o mestre, apresentou seus respeitos, depois lhe disse: "Mestre, faz anos que sigo seu ensinamento. Estou pronto?".
> O mestre fitou-o serenamente e respondeu: "Diga-me uma coisa primeiro. Quando chegou, você deixou seu guarda-chuva na porta. Você o colocou à esquerda ou à direita de seus sapatos?".
> O discípulo ficou surpreso. Não esperava uma pergunta assim. Respondeu: "Não faço a menor ideia!".
> O mestre concluiu: "Então você não está pronto. Por que motivo esse momento em que você deixou seu guarda-chuva era menos importante do que qualquer outro? Estará pronto no dia em que prestar atenção a cada momento da sua vida, seja ele qual for".

Em 2014, imaginei que "Sra. Lobo" (morte) me buscaria. Atormentada pelo medo de morrer, não pela morte *de per se*, mas sim por julgar que tinha muito a realizar em minha vida, tive como meus guias: a perseverança e a disciplina, pois sei que ainda tenho de prestar atenção a cada momento da minha vida, seja ele qual for.

As adversidades e as pessoas que dificultaram minha jornada me ensinam sobre minha capacidade de ir além. Busquei por calmaria e encontrei, nos gestos generosos e olhares carinhosos, forças para continuar a expulsar os sentimentos ruins do meu coração. Forças que me ajudam a dar mais sentido para a minha vida.

Neste ano de 2025, no meu aniversário, pedi que a vida me desse uma luz para eu discernir o melhor caminho para me resgatar existencialmente, e grande parte dele compartilhei nesta obra. Declarei nesse aniversário que ali nascia uma memória reconquistada. Serei paciente, pois coisas boas levam tempo. É preciso recomeçar. Para tanto, minha força, meu equilíbrio e minha flexibilidade serão utilizados para me recompor existencialmente.

É preciso, também, sensatez, portanto quero ser uma dama na vida. Existencialmente quero me dar dignidade suficiente para que possa aprimorar minha escuta, com o objetivo de aproveitar as chances para refletir sobre os pontos que me paralisam no viver bem e em plenitude.

Quero aprender a me poupar, a me proteger e a me colocar em lugares de merecimento. E, por falar neles, fiz um escritório no meu terraço. Tenho realizado atendimentos on-line, cursos e escrevi este capítulo na *minha* escrivaninha, sentada em *minha* cadeira, que foram dispostas em frente ao nascer do sol.

Suspiro ao me dar conta de que estou no lugar e no tempo escolhidos para finalizar esta obra. Fico feliz, pois me dei conta de que as coisas mais simples são as que têm me trazido contentamento.

Já no meu consultório, pedi ajuda para o maridão para instalar um chuveiro no meu banheiro, pois quero, depois exercícios, ficar limpinha antes dos meus atendimentos em psicoterapia.

Quero realmente aprender que o lugar de pertencimento de uma morada existencial deve habitar onde o coração pulsa, e o pulsar deve ser resultado de situações que promovam encantamentos e contentamento.

Quem disse que a obrigação dos milhares de afazeres precisa ser entediante? A gente tem de ser agente de mudanças, principalmente quando temos obrigações a cumprir. Se você me perguntar hoje: "Karina, você é feliz?". Eu vou te responder: "Muito feliz". Sabe por quê?

Sou feliz, pois posso hoje sentir meus pés firmes no chão, para que dê passos atentos e comedidos.

Sou feliz porque, embora tenha olhos puxados em virtude de ser neta de japoneses, mantenho meus olhos bem abertos para me proteger das más energias e para ampliar *awareness* naquilo que vivo como experiência.

Sou feliz porque construí uma morada concreta com meu maridão e filhos e tenho locais onde me sinto à vontade em meu lar existencial.

Sou feliz, pois me sinto à vontade dentro de mim.

Sou feliz porque descobri que o simples é o essencial, e que bastam apenas amor, carinho, respeito e poucas coisas para me manter viva em meu bônus de tempo.

Torno-me mais feliz quando percebo que posso me emocionar com as coisas simples da vida. E, se felicidade é celebrar cada momento como único e especial, sou feliz.

Mas, se sou feliz, posso ainda realizar pedidos para meus futuros aniversários? Sim. Peço a papai do céu que eu conquiste cada vez mais lugares de serenidade existencial.

Peço que papai do céu possa me dar forças para me afastar de pessoas negativas. Desejo que venham para perto de mim apenas pessoas de luz, e, quando as pessoas sombrias se aproximarem com seus oportunismos, que eu não demore muito tempo com elas.

Peço que papai do céu me ajude a fazer a humanidade mais feliz e com mais tolerância existencial. Peço também que eu tenha coragem para enfrentar meus monstros reais e fantasiosos.

Quero utilizar de bom humor, inteligência, carisma e força para oferecer energia sorridente, a fim de tornar o mundo menos ganancioso, competitivo e assustador. Fazer desse o meu legado, o que muito me lembra de uma interação que Oprah Winfrey teve com Maya Angelou e a qual é contada em seu site.

> *Oprah Winfrey: Lembro-me de quando abri minha escola na África do Sul e disse a Maya Angelou: "Puxa, este será o meu legado".*
> *E Maya, à sua maneira, disse: "Você não tem ideia de qual será o seu legado. Seu legado é o que você faz todos os dias. Seu legado é cada vida que você tocou, cada pessoa cuja vida foi movida ou não. É cada pessoa que você prejudicou ou ajudou, esse é o seu legado".*

Percebi que estou na fase do desapego material e de limpeza existencial para deixar meu legado e me abrir para o novo. Uma das coisas materiais que mais aprecio são os livros, portadores do conhecimento e da sabedoria. Por muito tempo, eles foram minhas melhores companhias. Decidi doar alguns estocados no meu consultório e compartilhei com o grupo de estudos sobre minha intenção.

Lecionei por doze anos na graduação de Psicologia em universidade privada, ministrando aulas de Fenomenologia, Existencialismo, Psicologia Humanista e Gestalt-terapia. Por isso, precisei estudar muito. Além do mais, tenho alguns livros presenteados e outros que me interessaram pelos títulos. Li todos eles, e estou segura o suficiente para dizer que o conhecimento está em mim; que não preciso mais da concretude deles fisicamente, e que agora é momento de compartilhar os materiais que me ajudaram.

É hora de deixar ir aquilo que não faz mais sentido manter concretamente. Aliás, tem muita coisa ainda que não faz mais sentido, e este é o verdadeiro processo de resgate existencial: aceitar que existem muitas coisas e muitas relações que precisam ir embora para abrir meus novos caminhos. Mas nem sempre preciso jogar fora, sair de cena e brigar com as pessoas ou tentar gastar energia tentando convencê-las do meu ponto de vista.

Percebo que nunca serei inteira se esperar a metade de outra pessoa. Quero me integrar com a metade de mim. Para que isso aconteça, devo aprender a merecer. Minha mãe tinha um costume de dizer quando ganhava um presente: "Precisava!". Concordo com ela, pois, nessa fase de resgate existencial, preciso aceitar, receber e aproveitar a vida. Desenvolvi três grandes transformações em mim:

* A urgência de ser uma pessoa em situação vigilante 24 horas por dia se transformou em previsibilidade de saber que não preciso ficar em estado de alerta o tempo inteiro. Posso descansar.
* A agressividade passou a ser assertividade, levando em consideração que a primeira está na vida para que eu possa ser mais assertiva na comunicação da satisfação das necessidades.
* A necessidade de controle passou a ser flexibilidade, compreendendo que, se a vida não é do jeito que eu quero, tornar-me-ei flexível para tentar viver de forma mais espontânea e leve possível.

Poderia existir melhor sentimento que sinto aqui e agora que é o da constatação de que as feridas provocadas por outras pessoas estão cicatrizadas em minha alma? A ferida provocada pela difamação, pela insensibilidade e pelo orgulho foi cicatrizada, não porque esqueci, mas sim porque hoje me lembro, sem sentir dor, de quem me machucou e de quem me desrespeitou. Pronto, passou! Até porque tudo passa.

Até agora, não experimentei sensação melhor do que essa! Sensação de reconciliação comigo, de resgate do meu jeito de ser e de fortalecimento de quem sou. Torno-me *aware* do quanto sobrevivi ao olhar invejoso e competitivo que me contaminou a ponto de não acreditar em minha capacidade.

Sobrevivi à exaustão física, emocional e espiritual, acreditando que o olhar alheio a meu respeito era muito mais importante do que o meu próprio olhar. Com o tempo, tenho aprendido que minha tarefa e dever é defender e preservar o que é meu.

Um dos melhores bônus recebidos pelo adoecimento da inflamação cerebral foi a mudança de minha maneira de encarar a vida e de criar possibilidades para me resgatar e auxiliar meus clientes a fazerem o mesmo no que se refere ao processo de morrência. Não sinto mais dores de cabeça lancinantes nem a exaustão que outrora sentia ao estimular meu cérebro. Como é bom acreditar que tudo passa: as coisas boas e, sobretudo, as adversidades. Tudo passa quando a gente é agente de mudanças!

Mimo de acolhimento

Você é maior que seu sofrimento.

TUDO PASSA QUANDO A GENTE É AGENTE DE MUDANÇAS!

(12)

Para que insistir em oferecer esperança para as pessoas?

"Expor minha própria cicatriz foi a melhor maneira que encontrei para sintetizar minha crença de que tudo passa. Assim como nossas feridas físicas, nossas feridas existenciais também cicatrizam. As cicatrizes são as provas reais de que nossas feridas podem ser cuidadas. É preciso estar aberto às possibilidades e estar atento para as responsabilidades de se viver. Em situações de perdas, o caos significa somente momentos em nossas vidas e não uma totalidade. A situação passará. Dessa maneira, o luto pode ser compreendido como uma crise e não como uma doença. Não se trata, portanto, de uma elaboração e, sim, de um processo que busca um fechamento."

PERDAS NO DESENVOLVIMENTO HUMANO, KARINA OKAJIMA FUKUMITSU

Faço milhares de origâmis de tsuru, a garça da paz e da esperança. Em japonês, *Kibō* significa "esperança". Em todas as palestras, cursos e aulas dou um tsuru para cada pessoa que me assiste, acompanha e me apoia. Além disso, na loja virtual na qual vendo meus livros e produtos não é diferente. Todos os meus produtos acompanham um origâmi de tsuru e meus livros levam marcadores de livro nesse formato.

É como se eu desejasse, por meio das doações dos milhares de tsurus, dizer para cada pessoa que o recebe: "Muito obrigada por estar comigo nessa trilha da vida. Para continuarmos, apesar das dificuldades inerentes à vida, precisamos manter a esperança".

No livro *A arte da saúde existencial e as filosofias japonesas*, apresentamos, Luciane Patrícia Yano e eu, a história sobre a tsuru:

> *A tsuru é a representação da garça feita em origâmi (dobraduras de papel) e representa a paz e a realização dos sonhos, popularizada na história de Sadako e seus mil (1.000) tsurus, ou mil dobraduras de garças, tornando-se um caminho para a mensagem de paz e realizações.*
> *A história de Sadako está ambientada no contexto da bomba atômica lançada na II Guerra Mundial na cidade de Hiroshima no Japão. No dia 06 de agosto de 1945, às 08h10 da manhã, Sadako e seu irmão Masahiro brincavam após terminarem seu café da manhã. Em seguida, viram*

uma luz muito brilhante e, a seguir, um estrondo. Sadako, muito assustada, escutou a voz de sua mãe que a procurava. A mãe de Sadako carregou ela e o seu irmão Masahiro no colo e saiu para fora de casa. Aterrorizada, ela viu a destruição e o sofrimento: chamas, pessoas gritando, total destruição. Ao menos eles haviam sobrevivido.

Em 1954, nove anos após o fim da II Guerra Mundial, Sadako era uma estudante do Ensino Fundamental, aparentemente normal e saudável. Contudo, no início das férias de inverno, Sadako sentiu-se cansada e pesada e seu pescoço estava inchado. A mãe de Sadako a levou ao médico, que disse: "Ela tem a doença da Bomba-A e precisa ser atendida com urgência, no hospital da Cruz Vermelha". Sadako foi hospitalizada, iniciando o seu tratamento. Um dia, no início do mês de agosto, uma enfermeira entrou no quarto de Sadako com 1.000 (mil) tsurus de origâmis, que haviam sido dobrados por estudantes do Ensino Médio da cidade de Nagoya, e contou a história de que eles representavam sorte e realização de sonhos. Sadako perguntou se, ao dobrar 1.000 (mil) tsurus, o seu desejo poderia se realizar? "Creio que sim" – respondeu a enfermeira. Sadako começou a dobrar tsurus com suas colegas de escola que a visitavam no hospital. Mesmo quando estava exausta, Sadako seguiu dobrando os origâmis.

Com a aproximação do inverno, a saúde de Sadako se deteriorou. Sua mãe preparou um chá e molhou, delicadamente, os lábios de Sadako com ele. Sadako morreu no dia 25 de outubro de 1955, aos 12 anos de idade. Uma caixa perto de seu travesseiro continha várias dobraduras, menores que os dedos de Sadako.

Os colegas da escola de Sadako foram às ruas pedir doações para a construção de um memorial para as crianças vítimas da bomba atômica. E, em 1958, o Memorial da Paz das Crianças foi erguido dentro do Parque do Memorial da Paz em Hiroshima. No monumento, os dizeres:

"Estas são nossas lágrimas.
Esta é nossa prece.
Pela paz no mundo".

Então, a pergunta que não quer calar: *para que insistir em oferecer esperança às pessoas?*

* Para oferecer acalento para aquelas em sofrimento.
* Para ver a ternura nos olhos dos outros e confirmar que o ser humano merece receber amor, pois só assim pode perseverar na esperança.
* Para viver as oportunidades de conhecer pessoas que divulgam meu trabalho.

* Para me lembrar e relembrar do conhecimento que construí durante minha vida profissional inteira.

Sou uma pessoa resgatada cujo compromisso é o de me resgatar cada vez mais para sorrir e para ter serenidade em meu coração. Poderia ter me acomodado na escuridão e no adoecimento ou me acostumar com a mediocridade em que estava vivendo, sem modificar minha vida. Mas minha escolha foi a de ir além. Escolhi tomar responsabilidade pela minha recuperação e pelo meu retorno à vida de maneira mais funcional, escolhi o caminho de estar com quem amo, fazendo o que amo e aproveitando o bônus de tempo recebido para acalentar meu coração e os de muitos em sofrimento existencial.

Foi assim a minha história, e agora é hora de recomeçar, reinventar e continuar. Imagino que minha motivação para enfrentar as adversidades está diretamente relacionada com o "cultivo" da esperança. Gosto muito do ensinamento de Paulo Freire, em seu livro *Pedagogia da esperança: um reencontro com a pedagogia do oprimido*:

> *É preciso ter esperança, mas ter esperança do verbo esperançar; porque tem gente que tem esperança do verbo esperar. E esperança do verbo esperar não é esperança, é espera. Esperançar é se levantar, esperançar é ir atrás, esperançar é construir, esperançar é não desistir!*

Não quero mais esperar por minhas próprias mudanças, pois considero que tudo o que me aconteceu serviu como aprendizagem para encontrar caminhos de união das margens, apreciar as diferenças, acolher as similaridades de que todos nós fazemos a travessia da única maneira como podemos.

A vida é passagem, e que possamos honrá-la partindo de uma margem disfuncional e degenerativa para outra regenerada. Chegar à outra margem significa a capacidade de respeitar aquilo que nos aconteceu para sermos quem somos. Mais do que chegar ao outro lado, precisamos aceitar a travessia e cultivar a vida que habita em nós.

Lembro-me de uma frase, cujo autor desconheço, mas que serve de guia para minhas ações do esperançar: "Dê a quem você ama: asas para voar, raízes para voltar e motivos para ficar". Sendo assim, lapido-me diariamente para preservar a esperança que se faz necessária para todos nós.

Precisamos de tempo para nos recompor da ausência, da falta, das tristezas, das mágoas e dos rancores. Precisamos de tempo para a reconciliação de nossas partes fragmentadas e de nosso amadorismo no trato para conosco. Tem vezes que é o conhecido que nos fez mal, mas o desconhecido traz a chance de nos fazer bem, e, por esse motivo, é preciso aprender a correr riscos e a ousar.

É preciso vencer o medo. "O rio e o mar", o lindo poema de Khalil Gibran, surge para nos ensinar sobre a capacidade de ousar e de correr riscos:

> *Dizem que antes de entrar no mar*
> *o rio treme de medo.*
>
> *Olhando para trás*
> *os cumes, as montanhas,*
> *o caminho longo e sinuoso*
> *que abriu através de selvas e aldeias.*
>
> *E vê diante de si um oceano tão grande.*
> *Que entrar nele será*
> *desaparecer para sempre.*
>
> *Mas não há outro caminho.*
> *O rio não pode voltar.*
>
> *Ninguém pode voltar.*
> *Voltar é impossível na existência.*
>
> *O rio deve aceitar sua natureza.*
> *E entrar no oceano,*
> *só entrando no oceano,*
> *o medo vai diminuir.*
> *Porque só então o rio saberá*
> *que não se trata de desaparecer no oceano,*
> *mas se tornar oceano.*

Encare seu medo, pois ele é o guia para você não ir para uma direção que não deseja mais em sua vida. Então, escute-o sem se perder nele.

Reinvente-se e descubra aquilo que não lhe é ameaçador, lembrando que existe uma diferença entre descobrir o que devemos aceitar e com o que devemos concordar. Nem sempre somos obrigados a concordar com aquilo que não condiz com a nossa ética pessoal, mas devemos respeitar e aceitar.

Sempre é possível ousar e fazer algo diferente do que estamos acostumados. Respeitar-me é trocar o lugar de submissão de estar sob missão existencial.

Mimo de acolhimento

Ninguém ousa expandir fronteiras se não estiver pronto para sair da zona de conforto. Ouse na sua expansão e na apropriação de ser quem você é. Assim, a esperança permanecerá em seu coração.

(13)

Para ter de volta a mim mesma, preciso me reconciliar com a morte

> "O último ato da biografia do herói é a morte ou partida. Aqui é resumido todo o sentido da vida. Desnecessário dizer, o herói não seria herói se a morte lhe suscitasse algum terror; a primeira condição do heroísmo é a reconciliação com o túmulo."
>
> **O HERÓI DE MIL FACES, JOSEPH CAMPBELL**

Durante muito tempo, o caos promoveu o sentimento de que eu era a *própria otária*, e não *proprietária* da minha própria existência, como citei no livro *A vida não é do jeito que a gente quer*, e, por esse motivo, o que Campbell disse faz muito sentido para mim.

A introdução da morte em minha existência foi um trauma que se tornou anfitrião da minha morada durante muito tempo. Esse anfitrião indesejado tomou posse da minha casa e provocou a sensação de que eu o desconhecia, fazendo com que eu não pudesse enxergar minha potência. Foi nesse momento que aprendi que qualquer sofrimento nos faz ficar cegos perante as possibilidades existenciais.

Por me sentir impotente o tempo inteiro ante as questões do sofrimento, principalmente advindo da morte de pessoas amadas, queria fingir que a situação não era comigo. Fingir e fugir se tornaram estratégias perfeitas na evitação do sofrimento. Fugir da situação e negar meus sentimentos me ajudou a tomar fôlego momentâneo, porém a negação e a fuga fizeram com que a casa ficasse abandonada.

A casa tomou espaço de um residencial composto por vários lugares desconhecidos e sombrios. Foi somente quando decidi que pararia de fugir daquilo que era meu é que, surpreendentemente, minha vida começou a andar. Meu desejo, portanto, até meu último suspiro, será o de ter uma boa vida para ter uma boa morte.

Para tanto, farei das relações nutritivas e do meu trabalho a trilha para a boa vida. Conscientizei-me de que meu trabalho cuidando de pessoas com intenso sofrimento existencial tem me ofertado compreensão dos impactos, fragmentos e ampliado as possibilidades de acolher aqueles que ficam sem chão.

Falando de ficar sem chão, quando fui acometida pela inflamação cerebral, pude aprender ainda mais sobre a necessidade de acolhimento para tudo o que nos acontece.

"O acaso é o disfarce de Deus", frase do filme *Jornada da vida*. Nada do que me aconteceu em minha história foi em vão e, por esse motivo, durante a remissão do adoecimento, rezava todos os dias para ter mais tempo, pois me sentia rendida todas as vezes que pensava que a morte não apenas me visitava, mas também que ela vinha com tanta violência a ponto de me colocar na lona existencial. Tamanho era o sentimento de nocaute e de golpe certeiro que imaginava que não conseguiria sobreviver, que não teria a dádiva de utilizar o tempo a meu favor para viver as benesses da vida.

Da mesma maneira como enfrentei meu sofrimento, acompanho pessoas que podem se dar chances para enfrentar as adversidades. Nessa direção, concomitantemente, tenho acompanhado atentamente as narrativas de dores intensas de pessoas que são acometidas por adoecimentos, que foram impactadas pela morte por suicídio de um ente amado e que enfrentam a travessia do processo de luto. Tento, assim, compreender o incompreensível e lidar com o indigesto. Concluí que o processo de luto não tem finalização, mas sim que tem seu destino próprio quando encontra momento e lugar.

Reflito que tive pelo menos dez anos desde a inflamação cerebral, e creio que me reconciliei com o túmulo e fiz as pazes com minha finitude ao me tornar uma estudiosa da morte, do morrer, dos processos de luto e do luto por suicídio para tentar compreender o sofrimento advindo da morte. Mas o que é que de fato pude compreender a partir do aprofundamento dos estudos sobre a morte?

Ganhei mais profundidade na compreensão sobre a dor, o amor e o torpor existencial. A morte me ensinou a lidar com o incompreensível, com a situação mais desconhecida de um ser humano, porém é a única certeza de que temos de nossa existência.

A morte me ensinou a lidar com o irremediável. E, como o trecho da letra da música "Por enquanto" reza: "Mas nada vai conseguir mudar o que ficou. Quando penso em alguém, só penso em você, e aí, então, estamos bem. Mesmo com tantos motivos pra deixar tudo como está. Nem desistir nem tentar. Agora tanto faz. Estamos indo de volta pra casa".

Sim, quando morremos, acredito que voltamos pra casa, que não tem lugar fixo, nem paradeiro, mas que habitaremos no coração de pessoas que compartilharam conosco nossa existência.

Continuaremos em saudades, em ações ofertadas e em amores compartilhados. O corpo se vai, porque deve partir, mas a alma permanece como nosso maior legado: ensinamentos e sabedoria sobre a maneira como cada existência pôde desabrochar. **Sim, desabrochar em sua singularidade. Desabrochar em seu melhor estilo**.

Com a aceitação da morte, posso ter a garantia de que minha existência se manterá vívida naquele com quem tive a oportunidade da comunhão, pessoa que foi importante na convivência existencial.

A partir da reconciliação com meu túmulo, tenho a certeza de que o que foi vivido foi a única forma possível de amar, sobreviver, conviver e viver.

Ao me dar conta de que tenho 55 anos e de que consegui chegar a uma vida suficientemente estável para sustentar mais alguns anos, orgulho-me de mim, pois a dor que me paralisou por muito tempo não me impedirá mais de viver o que for preciso.

Como a maravilhosa atriz Nathália Timberg, com seus 95 anos, afirmou em uma declaração que vi nas redes sociais: "É preciso aprender a viver com as nossas vidas". E isso é o que a abordagem psicológica da Gestalt-terapia, embasamento que utilizo como psicoterapeuta, define por responsabilidade, nas palavras de Perls, em *Isto é gestalt*, livro organizado por John O. Stevens:

> *A palavra responsabilidade pode ser também habilidade de responder: de ter pensamentos, reações, emoções numa determinada situação. Agora, esta responsabilidade, esta habilidade de ser o que se é, se expressa através da palavra "eu". [...]. Responsabilidade significa simplesmente querer dizer "eu sou eu" e "eu sou o que eu sou".*

Penso que se reconciliar consigo é uma conquista de bem-estar que nos faz reivindicar nossos direitos existenciais.

Questiono-me constantemente o motivo pelo qual os seres humanos são tão diferentes em relação aos enfrentamentos de suas crises existenciais. Concomitantemente, sempre admirei pessoas que transformaram suas dores em aprendizagem para si e para o mundo, e por esse motivo as nomeio como *pessoas que extraem flor de pedra*. "Extrair flor de pedra é um termo criado para ilustrar que, apesar de ver que nosso solo existencial está 'árido' e aparentemente sem vida, devemos preservá-lo", como bem falo no meu livro *A vida não é do jeito que a gente quer*.

Para mim, extrair flor de pedra é enfrentar a dor e o sofrimento com dignidade. Extraem flor de pedra as pessoas que oferecem esperança por se tornarem inspirações pelo que fizeram de seus sofrimentos, pois se reinventaram, à sua maneira e da única forma que puderam, com as únicas condições que tiveram.

As pessoas que extraem flor de pedra fazem das suas histórias os seus maiores talentos e tocam profundamente a alma e o coração de outrem. Conhecem seus limites e fazem de si um instrumento para o acolhimento humano.

São pessoas que têm gratidão por serem quem são e por terem outras ao redor que seguem um caminho de luz, de transparência e de ressignificação.

Finalizo este capítulo com um texto que escrevi em um dia que acordei "com pressa". Uma pressa completamente diferente daquela que habitualmente estava acostumada a viver, pois sempre acreditei que a pressa não permite escolhas.

Minha pressa difere da outra concepção de pressa por não mais querer viver na toxicidade de forma atabalhoada e rápida. Quero usufruir do meu tempo, conforme meu ritmo e minhas possibilidades.

A pressa, atualmente, tem o intuito de serenar minha mente, apaziguar meu coração e transformar meus feitos em produção nutritiva o suficiente para que eu habite em paz em minha existência.

Minha pressa serve para me aproximar de relações que me fazem bem, para revisitar lugares em que consigo me lembrar ou pelo menos que me passem a sensação de que já me senti feliz.

Minha pressa é expressão de reposicionamentos, renúncias de que outrora me arrependia e que não quero mais viver em autoacusações por ter deixado ir.

Minha pressa é para que não me atrase mais em viver o que realmente importa. Minha alma clama por mais discernimento das batalhas que quero enfrentar e das escolhas e renúncias a que tenho direito.

Minha pressa pede para que eu não perca mais tempo com vaidades, competições e com pessoas arrogantes, que, pelo complexo de inferioridade, precisam do poder para pisar e humilhar as pessoas.

Minha pressa é para que eu utilize meu poder com discernimento e ilumine meus caminhos e as trajetórias de outras pessoas.

AS PESSOAS QUE EXTRAEM FLOR DE PEDRA FAZEM DAS SUAS HISTÓRIAS OS SEUS MAIORES TALENTOS.

Minha pressa é para conquistar minha firmeza existencial e para me fazer presente em minha própria morada. E, como diz a linda frase do saudoso escritor egípcio Naguib Mahfouz que vi em um post de rede social: "Lar não é onde você nasceu; lar é onde cessam todas suas tentativas de fuga".

Dou-me conta de que paguei um preço muito alto para evitar minha solidão. Atualmente, valorizo laços bem-feitos, porque laços malfeitos se desfazem com um estalar de dedos. Aqui e agora, assumo minha solidão como meu refúgio para me ajudar na lucidez do que preciso para viver.

Hoje, consigo ficar sozinha e me apropriar de mim. Posso agora parar de fugir do meu sofrimento, pois só por hoje ele cessou.

Iniciei este livro no México, do lado Atlântico, e o finalizo no México, do lado Pacífico. Pedi que meu marido apontasse uma diferença entre os dois lados, e ele disse: "As águas no Atlântico são mais claras, e no Pacífico são mais escuras". Concluo que não tenho mais medo de estar na escuridão. Também não tenho mais medo da minha morte, muito menos da vida que habita em mim.

Vivo cada dia mantendo a esperança, apresentando-me diariamente como agente do "esperançar", como pessoa cujas condutas se direcionam para o bem-estar e para a saúde existencial.

Não me permitirei mais estar em processo de morrência. E, como a frase cujo autor desconheço: "Fique presa apenas ao que liberta", prender-me-ei àquilo que faz meu coração pulsar, minha esperança permanecer, para que eu possa sair de onde estou para chegar aonde quero: um lugar de paz e serenidade em minha morada existencial.

Mimo de acolhimento

Quando você se terá de volta?

Do que você tem pressa?

O que manterá sua esperança para habitar em sua morada existencial?

Não se permita viver mais em processo de morrência. Viva e continue.

Aceita estar comigo nessa jornada da esperança? Se aceitar, a trilharemos com nosso mantra de que "se tem vida, tem jeito".

Referências

ALVÍSSARA. *In*: INFORMAL: Dicionário Online de Português. Disponível em: https://www.dicionarioinformal.com.br/alv%C3%ADssaras/. Acesso em: 11 mar. 2025.

AMADOR. *In*: DICIO: Dicionário Online de Português. Disponível em: https://www.dicio.com.br/amador/. Acesso em: 20 out. 2024.

ANGELOU, M. *Pocket Maya Angelou Wisdom*: inspirational quotes and wise words from a legendary icon. Londres; Melbourne: Hardie Grant Books, 2019.

BEAUTIFUL boy (Darling boy). Intérprete: John Lennon. *In*: DOUBLE Fantasy. EUA: Geffen Records, 1980.

BEAUVOIR, S. *A velhice*. Rio de Janeiro: Nova Fronteira, 2018.

CAMPBELL, J. *O herói de mil faces*. São Paulo: Pensamento, 1997.

DEGENERAR. *In*: PRIBERAM Dicionário. Disponível em: https://dicionario.priberam.org/degenerar. Acesso em: 20 out. 2024.

FREIRE, P. *Pedagogia da esperança*: um reencontro com a pedagogia do oprimido. Rio de Janeiro: Paz e Terra, 1992.

FUKUMITSU, K. O. *A vida não é do jeito que a gente quer*. São Paulo: Lobo, 2019.

FUKUMITSU, K. O. *Perdas no desenvolvimento humano*: um estudo fenomenológico. São Paulo: Lobo, 2019.

FUKUMITSU, K. O. *Saúde existencial:* educaDores em busca dos recomeços de uma pura vida. São Paulo: Loyola, 2022.

FUKUMITSU, K. O.; YANO, L. P. *A arte da saúde existencial e as filosofias japonesas*. São Paulo. Loyola, 2023.

GARCÍA, H.; MIRALLES, F. *Ikigai*: os segredos dos japoneses para uma vida longa e feliz. Rio de Janeiro: Intrínseca, 2018.

GIBRAN, K. *O profeta*. Porto Alegre: L&PM, 2011.

GUERNIERI, M. *O rio e o mar – Khalil Gibran*, 9 mar. 2020. Disponível em: https://www.marceloguernieri.com.br/o-rio-e-o-mar-khalil-gibran/. Acesso em: 20 out. 2024.

JORNADA da vida. Direção: Philippe Godeau. França/Senegal: Pan-Européenne; Korokoro; France 2 Cinéma, 2018.

KIERKEGAARD, S. *O desespero humano*. São Paulo: Abril Cultural, 1979.

KIMURA, K. *A bagagem dos viajantes:* histórias de ética e sabedoria. São Paulo: Satry, 2014.

NIETZSCHE, F. *A gaia ciência (1882, 1887)*. São Paulo: Companhia das Letras, 2001.

NIETZSCHE, F. *Crepúsculo dos ídolos*. São Paulo: Lafonte, 2021.

NIETZSCHE, F. *Humano, demasiado humano II (1878-1880)*. São Paulo: Companhia das Letras, 2008.

NIETZSCHE, F. *O nascimento da tragédia*. São Paulo: Companhia das Letras, 2007.

NOUWEN, H. *Transforma meu pranto em dança*: cinco passos para sobreviver à dor e redescobrir a felicidade. Rio de Janeiro: Thomas Nelson Brasil, 2007.

PERLS, F. S. *Escarafunchando Fritz*: dentro e fora da lata de lixo. São Paulo: Summus, 1979.

STEVENS, J. O. S. *Isto é gestalt*. São Paulo: Summus, 1977.

POR enquanto. Intérprete: Cássia Eller. *In*: CÁSSIA Eller. Rio de Janeiro: PolyGram, 1990.

REMEN, R. N. *Histórias que curam*: conversas sábias ao pé do fogão. São Paulo: Ágora, 1998.

SANTINI, C. *Kintsugui*: a arte japonesa de encontrar força na imperfeição. São Paulo: Planeta, 2019.

SARTRE, J. P. *O ser e o nada*: ensaio de ontologia fenomenológica. Petrópolis, RJ: Vozes, 2007.

WINFREY, O. What Oprah knows for sure about being a supportive friend. *Oprah.com*, 2017. Disponível em: https://www.oprah.com/inspiration/what-oprah-knows-for-sure-about-being-a-supportive-friend. Acesso em: 18 out. 2024.

Acreditamos nos livros

Este livro foi composto em Gelica e
impresso pela Lis Gráfica para a Editora
Planeta do Brasil em maio de 2025.